El Kamasutra
completo e ilustrado

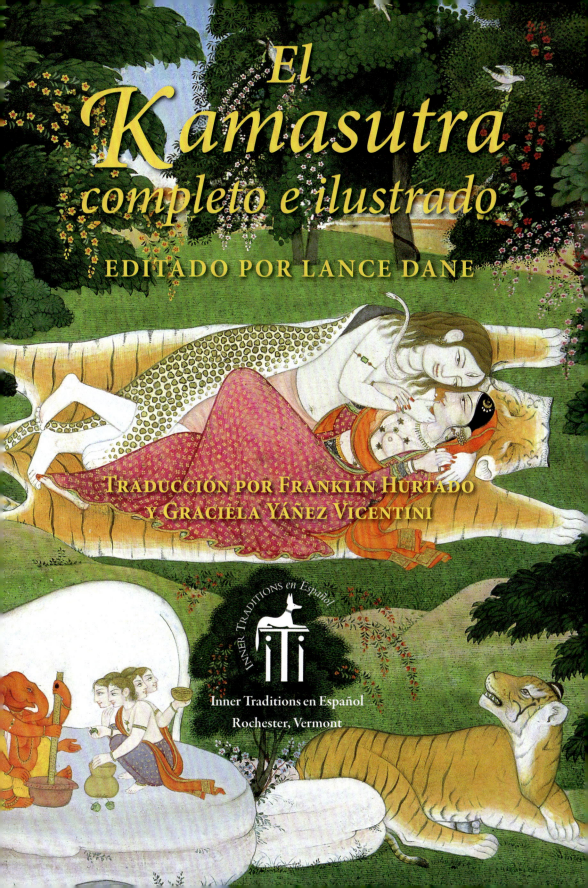

Inner Traditions en Español
One Park Street
Rochester, Vermont 05767
www.InnerTraditions.com

Copyright © 2003 Lance Dane y Brijbasi Art Press, Ltd
Texto y fotografías de Lance Dane
Traducción © 2025 de Inner Traditions Internacional

Todos los derechos reservados. Ninguna parte de este libro podrá ser reproducida o utilizada en cualquier forma o por cualquier medio, electrónico o mecánico, incluyendo fotocopias, grabaciones, o por cualquier sistema de almacenamiento y recuperación de información, sin el permiso por escrito de la editorial.

ISBN 979-8-88850-201-3 (impreso)
ISBN 979-8-88850-202-0 (libro electrónico)

Impreso y encuadernado en China por Reliance Printing Co., Ltd.

10 9 8 7 6 5 4 3 2 1

Diseño y diagramación por Utsav Bhattacharya.
Maquetación en español por Kira Kariakin.

Para la producción de este libro se usaron las fuentes Bernhard Modern Std, Exotic 350 BT, Calligraphic 421 BT y DisqusMed.

 Escanea el código QR y ahorra un 25 % en InnerTraditions.com. Explora más de 2.000 títulos en español e inglés sobre espiritualidad, ocultismo, misterios antiguos, nuevas ciencias, salud holística y medicina natural.

Leyendas: (Página 1) El exuberante príncipe Rajput abraza a su amada y juega con sus pies. (Páginas 2–3) Shiva y Parvati comparten momentos afectuosos al tiempo que sus hijos Ganesha, el dios con cabeza de elefante, y Karttikeya están absortos en sus propias actividades, y el tigre y el toro Nandi holgazanean. (Página 5) Una joven nayika espera con ansias y añora a su amante. (Páginas 6–7) Con su falda suelta, la impresionantemente atractiva nayika estira una pierna y coloca la otra sobre el hombro de su amante, luego cambia de posición y continúa haciéndolo de manera alterna, en una postura descrita como "abrir un bambú".

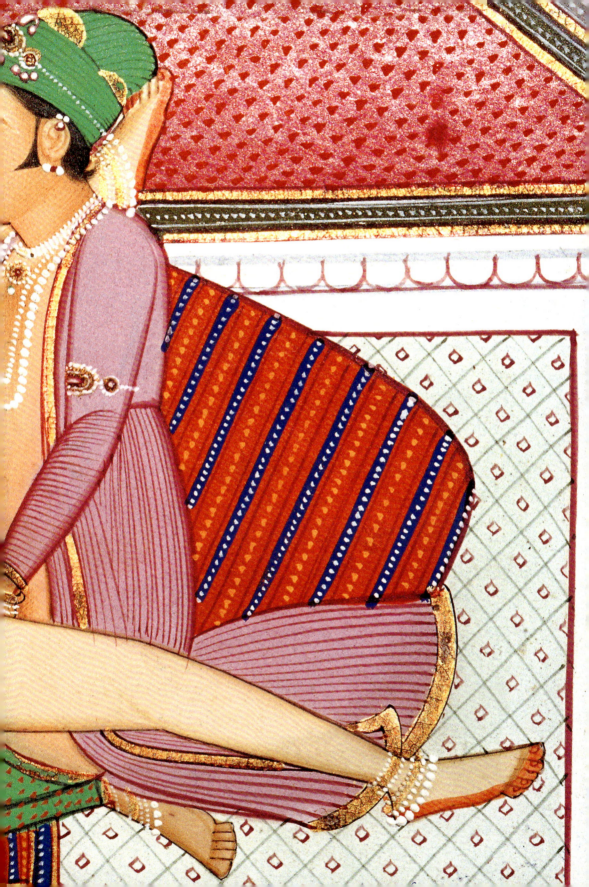

ÍNDICE

Prefacio 11
Introducción 16
Libro 1 — Principios generales
Estudio de los shastras 23
Dharma, artha, kama 25
Estudio de las artes y las ciencias 31
Hombre de ciudad 37
Nayikas y mensajeros 47

Libro 2 — Juego amoroso y unión sexual
Unión sexual 57
El abrazo 67
El beso 73
Presión y marcas de uñas 81
La mordida 89
Vigor e intensidad sexuales 95
Golpes y sonidos espontáneos 103
Asumir el rol del hombre 107
Sexo oral 115
Comienzo y fin de la unión sexual 123

Libro 3 — Cortejo y matrimonio
Compromiso y matrimonio 131
Infundir confianza en la novia 135
Cortejar a una doncella 143
Comportamiento de la pareja 150
Tipos de matrimonio 159

Libro 4 — La esposa
Deberes de una esposa 169
Esposas mayores y esposas menores 175

Libro 5 — Seducir a las esposas de otros
Características de hombres y mujeres 189
Familiarizarse 199
Determinar las emociones 205
Deberes de una celestina 211
Conducta de un rey 221
Comportamiento de las damas de la estancia interior 231

Libro 6 — La cortesana
Engatusar al hombre indicado 245
Vivir como su esposa 253
Adquirir riqueza 263
Reconciliación 269
Ganancias especiales 277
Ganancias y pérdidas 287

Libro 7 — Tradición secreta, estimulación externa y poder sexual
Embellecer el cuerpo 299
Sobre la virilidad 307

Prefacio

Cada nación tiene entre sus tesoros literarios unas cuantas obras que tratan especialmente del amor. En todas partes, el tema se aborda de diferente manera y desde variados puntos de vista. Este libro es una traducción exhaustiva de la obra más autorizada sobre el amor en la literatura sánscrita: el *Kamasutra, aforismos sobre el amor*, escrita por Vatsyayana.

Dividida en siete libros y treinta y seis partes, la evidencia respecto de la fecha de redacción de la obra y los comentarios encontrados sobre ella se examinan en la introducción. Sin embargo, antes de comenzar la traducción de los libros, queremos hacer una breve mención de algunas obras similares, de autores que escribieron años después de Vatsyayana, pero que todavía lo citaron como guía principal de la literatura erótica hindú.

La esposa de Kama, Rati Devi, apunta con su flecha de amor. Esculturas de madera como esta se utilizaron con fines decorativos en los rathas (carruajes) de los templos. (Izquierda) Mallinaga Vatsyayana vivió en algún momento entre los siglos I y VI d. C., en Benarés, y llevó la vida de un estudiante religioso.

RATIRAHASYA ("Secretos de amor") por Kokkoka

El poeta Kokokka compuso la *Ratirahasya* para complacer a alguien llamado Venudutta, quien quizás era un rey. Al escribir su propio nombre al final de cada parte del libro, se refirió a sí mismo como *siddha patiya pandita* ("un hombre ingenioso entre hombres eruditos"). Su obra se tradujo al hindi hace mucho tiempo, y en la traducción aparece como Koka. Esta forma abreviada reemplazó su nombre completo en otras lenguas de la India, tanto así que el libro y el tema comenzaron a llamarse popularmente *Koka Shastra* ("Doctrinas de Koka"), obra idéntica al *Kama Shastra* ("Doctrinas del amor").

La *Ratirahasya* comprende casi ochocientos versos y se divide en quince partes llamadas *Pachivedas*. Algunos de los temas tratados en esta obra no se encuentran en la traducción de Vatsyayana, como las cuatro clases de mujeres: las *padmini, chitrini, shankhini* y *hastini*, así como la enumeración de los días y horas en que las mujeres de estas diferentes clases pueden ser estimuladas para el amor. Kokkoka afirmaba que obtuvo el conocimiento de estos asuntos de la sabiduría de Gonikaputra y Nandikesvara, ambos mencionados por Vatsyayana, pero cuyas obras no sobrevivieron. Es difícil fijar la fecha o año exacto en que fue redactado el *Ratirahasya*. Sin embargo, se puede presumir con seguridad que fue escrito después del tomo de Vatsyayana, y antes de otros trabajos sobre el tema que sí han sobrevivido. El mismo Vatsyayana se refirió a diez autores que había consultado, cuyas obras no se han recobrado, y el nombre de Kokkoka no figura entre ellos. Esto lleva a la conclusión

---

Se cuenta que Nandi, el toro compañero del señor Shiva, fue el primero en enunciar los Kama Shastras o las reglas de amor, que constaban de mil capítulos. (Derecha) Shiva es uno de los principales dioses del panteón hindú y, junto con Brahma y Vishnu, compone la gran tríada de deidades hindúes.

lógica de que Kokkoka escribió después de Vatsyayana; de lo contrario, este seguramente lo habría mencionado junto con los otros autores.

PANCHASAYAKA ("Cinco flechas") por Jyotirisvara

El autor de *Panchasayaka*, Jyotirisvara, fue el poeta más célebre, el guardián del tesoro de las sesenta y cuatro artes y el mejor maestro de las reglas de la música. Dijo que compuso el *Panchasayaka* después de reflexionar sobre los aforismos del amor revelados por los dioses, además de estudiar las opiniones de Gonikaputra, Muladeva, Babhravya, Ramtideva, Nandikesvara y Kshemendra. Ninguno de esos escritos ha sobrevivido. Su obra consta de casi seiscientos versos, divididos en cinco partes llamadas *sayakas* o "flechas".

SMARAPRADIPIKA ("Luz de amor") por Gunakara

El autor de *Smarapradipika* fue el poeta Gunakara, hijo de Vachaspati. Su obra comprendía cuatrocientos versos, y de las doctrinas del amor se ocupó muy poco, ya que se extendió más en otros asuntos.

RATIMANJARI ("Guirnalda de amor") por Jayadeva

La obra del poeta Jayadeva, *Ratimanjari*, es muy breve; contiene solo ciento veinticinco versos, escritos en un estilo de gran elegancia, probablemente en el siglo XV.

RASAMANJARI ("Retoño de amor") por Bhanudatta

El autor de *Rasamanjari* fue un poeta llamado Bhanudatta. El último verso del manuscrito indicaba que residía en la provincia de Tirhoot y que era hijo de un brahmán llamado Ganeshwar, quien también era un poeta. Esta obra, escrita en sánscrito, retrata a diferentes clases de

Prefacio 13

hombres y mujeres de acuerdo con su edad, descripción, conducta y modales. Solo comprende tres capítulos, y no ha sido posible determinar su fecha.

ANANGA RANGA ("Escenario de amor") por Kalyanamalla

La *Ananga Ranga* fue compuesta por el poeta Kalyanamalla, para el disfrute de Ladkhan, el hijo de Ahmed Lidi, a quien también se le conocía como Ladana Mull y Ladanaballa. Se supone que tenía una relación o algún tipo de conexión con la casa de Lodi, la cual reinó en la India de 1450 a 1526. Por lo tanto, esta obra habría sido escrita en los siglos XV o XVI. La misma consta de diez capítulos y se tradujo al inglés, pero se imprimieron solo seis ejemplares para la distribución privada. En general, se cree que es la última de las obras sánscritas sobre este tema. Sus ideas se tomaron de escritos anteriores de la misma naturaleza.

Todas estas obras son en sí mismas una curiosidad literaria. Tanto la poesía sánscrita como el drama están impregnados de cierto sentimiento poético y de romance, al igual que las literaturas de otros países. La diferencia, sin embargo, radica en el hecho de que la literatura sánscrita retrata el amor de una manera llana, sencilla y prosaica.

Así como, en la literatura griega, Venus es el epítome de la belleza femenina, los hindúes describen a la *padmini* (mujer loto) como su representación perfecta.

Pintura en miniatura, de mediados del siglo XVIII, Deogarh, Rajastán. Un ciudadano de buena educación, un nayaka, *debe vestirse con ropa cara y joyas brillantes. (Derecha) La* nayika padmini *tiene un rostro tan agradable como la luna llena, y su pecho es redondo y firme.*

PADMINI (mujer loto)

Aquella mujer en la que aparezcan los siguientes rasgos y signos se llama padmini. Su rostro es agradable como la luna llena; su cuerpo, bien vestido de carne, es suave como la shiras (flor de mostaza); su piel es fina, tierna y clara como el loto amarillo, nunca de color oscuro. Sus ojos son brillantes y hermosos como los orbes del cervatillo, bien definidos, y de esquinas rojizas. Su seno es firme, abundante y elevado; tiene un buen cuello; su nariz es recta y encantadora, y tres pliegues o arrugas cruzan su centro, alrededor de la región umbilical. Su yoni (vagina) se asemeja al capullo de loto cuando se abre, y su kamasalila (semilla de amor) está perfumada como el lirio que ha brotado recientemente. Ella camina con paso de cisne, y su voz es baja y musical como las notas de la kokila (pájaro cuco); disfruta de la lluvia fresca, las joyas finas y los vestidos ricos. Come poco, tiene el sueño ligero, y al ser tan respetuosa y religiosa como inteligente y cortés, siempre está inquieta por adorar a los dioses y disfrutar de la conversación de los brahmanes. Tal es, entonces, la padmini, la mujer loto.

La literatura sánscrita luego ofrece descripciones de gran detalle de la *chitrini* (mujer arte), la *shankini* (mujer concha) y la *hastini* (mujer elefante). También se explaya en sus días de disfrute, sus lugares de pasión, la manera en que deberían ser cortejadas y tratadas durante las relaciones sexuales. Hace hincapié en las características de los hombres y las mujeres de diversas regiones de la India. Los detalles son numerosos y los temas se han tratado con seriedad y gran amplitud.

Introducción

Resulta una lectura interesante saber cómo el *Kamasutra* de Vatsyayana salió a la luz y se tradujo a la lengua inglesa por primera vez. Sucedió así. Cuando se tradujo *Ananga Ranga* surgieron con regularidad referencias al sabio Vatsyayana, de quien también se citaban sus opiniones. Al preguntarles quién era ese sabio, los expertos respondieron que Vatsyayana fue el autor de la obra clásica sobre el amor en la literatura sánscrita, y ninguna biblioteca sánscrita estaba completa sin su trabajo. Pero se había vuelto muy difícil conseguirla de forma íntegra. En Bombay se consiguió una copia defectuosa del manuscrito, por lo que los expertos escribieron a las bibliotecas sánscritas de Benarés, Calcuta y Jaipur. Esas copias se compararon entre sí y, con la ayuda de un comentario llamado *Jayamangala* se preparó una copia revisada del manuscrito entero, de la cual se hizo la traducción al inglés.

Aforismos sobre el amor

La obra de Vatsyayana se divide en siete libros que contienen treinta y seis partes, y consta de alrededor de mil doscientos

El dios de la virilidad, Shiva, se sienta majestuosamente sobre Nandi. Uno de los símbolos más potentes del hinduismo, el lingam de Shiva se describe como siempre tieso, siempre erecto. (Derecha) La consorte de Shiva, Parvati, lo sedujo y rompió el largo trance en que él se encontraba. Se puso ropas seductoras, una encantadora corona de gemas, y se delineó los ojos carmesí con colirio. Sus atractivos pezones estaban cubiertos de líneas de pintura con cosméticos. Su ombligo era profundo y brillante. Su vientre era circular y lleno de gracia, y sus muslos avergonzaban al árbol de plátano.

cincuenta *shlokas* (versículos). Casi nada se sabe sobre el propio Vatsyayana. Su nombre real era, supuestamente, Mallinaga o Mrillana; Vatsyayana era su apellido.

Al final de su obra, Vatsyayana escribió:

Después de haber leído y considerado las obras de Babhravya y otros autores antiguos, y haber reflexionado sobre el significado de las reglas dadas por ellos, Vatsyayana compuso el Kamasutra, de acuerdo con los preceptos de la Sagrada Escritura, para el beneficio del mundo, mientras llevaba la vida de un estudiante religioso y estaba totalmente dedicado a la contemplación de la deidad. Esta obra no debe utilizarse meramente como un instrumento para satisfacer nuestros deseos. Una persona que conoce los verdaderos principios de esta ciencia, que preserva su dharma, artha y kama, y que muestra respeto por las costumbres de la gente, de seguro obtendrá dominio sobre sus sentidos. En pocas palabras, una persona inteligente y conocedora, que atiende al dharma y al artha, y también al kama, sin convertirse en una esclava de sus pasiones, tendrá éxito en todo lo que llegue a hacer.

Dharma	Virtud, mérito religioso
Artha	Riqueza mundana
Kama	Amor, placer, gratificación sensual

Aunque es imposible establecer una fecha exacta para ubicar la vida y obra de Vatsyayana, si nos basamos en ciertas referencias de su trabajo se presume que vivió en algún momento entre los siglos I y VI. Él mismo menciona que Satakarni Satavahana, un rey de Kuntala, embargado por la pasión del amor, privó de la vida a su esposa Malayavati mediante el *kartari*, un agarre muy ardiente en forma de tijera. Vatsyayana cita esto para advertir a los amantes del peligro de tales prácticas cuando están bajo la influencia de una pasión que todo lo consume. Puesto que se cree que este rey de Kuntala vivió y reinó durante el siglo I, Vatsyayana debe haber vivido después.

Varahamihira, que al parecer vivió durante el siglo VI, escribió el *Brihatsamhita, la ciencia del amor*. En el capítulo dieciocho parece haber tomado prestada gran parte de Vatsyayana. Por lo tanto, Vatsyayana debe haber escrito sus obras antes, aunque no antes del primer siglo de nuestra era, ni después del sexto.

Sobre el trabajo de Vatsyayana se han hallado dos comentarios solamente: *Jayamangala* o *Sutrabhashya*, y *Sutravritti*. La fecha del *Jayamangala* se fija entre los siglos X y XIII, ya que en la descripción de las sesenta y cuatro artes se toma un ejemplo del *Kavyaprakasha*, texto escrito alrededor del siglo X. Una vez más, la copia que se pudo conseguir del comentario fue una transcripción de un manuscrito que alguna vez se encontró en la biblioteca de un rey chalukian llamado Vishaladeva, como se desprende de la siguiente frase al final de la obra:

Aquí termina la parte que tiene que ver con el arte del amor en el comentario sobre el Kamasutra de Vatsyayana, una copia de la biblioteca del rey de reyes, Vishaladeva, quien fue un poderoso héroe; por así decirlo, un segundo Arjuna, y la joya principal de la familia Chalukya.

Es bien sabido que Vishaladeva gobernó en Gujarat desde 1244 a 1262 y fundó una ciudad llamada Vishalnagar. Por lo tanto, la fecha del *Jayamangala* se sitúa entre los siglos X y XIII. Se supone que lo escribió un tal Yashodhara, nombre que le dio al autor su preceptor Indrapada. Parece que lo escribió durante el tiempo de aflicción que le causó su separación de una mujer inteligente y astuta, como él mismo señala al final de cada capítulo. Se presume que nombró su obra en honor a su amante ausente, o que el título puede tener alguna conexión con el significado de su nombre.

Este comentario fue muy útil para explicar el verdadero sentido de la obra de Vatsyayana, ya que el comentarista parece haber tenido un conocimiento considerable de la época del autor más antiguo, toda vez que proporcionó información muy detallada en algunos lugares.

No puede decirse lo mismo del *Sutravritti*, escrito alrededor de 1789 por Narsing Shastri, alumno de un tal Sarveshwar Shastri. Este último era descendiente de Bhaskar, al igual que este autor, porque al final de cada parte se llama a sí mismo Bhaskar Narsing Shastri. Se le incitó a escribir este comentario bajo las órdenes del erudito Raja Vrijalala, mientras residía en Benarés, pero no merece mucho elogio. En varios casos no pareciera haber entendido el significado de la obra original de Vatsyayana, y cambió el texto en muchas partes para que este encajara con sus propias explicaciones.

Este libro se basa en la traducción original de Burton y Arbuthnot del *Kamasutra* de Vatsyayana, con adiciones de otras versiones sánscritas.

Kama es un joven apuesto quien, armado de un arco y un carcaj de flechas, adornadas con flores, persigue a su manada de amores jóvenes. Su sed de amor la comparte, y disculpa, su esposa, la diosa Rati. (Izquierda) La ninfa celestial Shalabhanjika, una escultura de Kushana, siglos I–II, Museo del Gobierno de Mathura. Las ápsaras, o ninfas celestiales, descendían del cielo para cumplir propósitos que han sido predestinados.

Introducción 19

Principios generales

Estudio de los *shastras*

Dharma, artha, kama

Estudio de las artes y las ciencias

Hombre de ciudad

Nayikas y mensajeros

Libro 1

Estudio de los shastras

शास्त्रसंग्रह प्रकरण

Shastrasangraha Prakarana

Al comienzo, el Señor de los Seres creó a los hombres y a las mujeres, y en forma de mandamientos distribuidos en cien mil versículos, estableció las reglas de su existencia con respecto al *dharma*, el *artha* y el *kama*.

Algunos de estos mandamientos, como los que trataban del *dharma*, por ejemplo, fueron escritos aparte por Swayambhu Manu; los relacionados con el *artha* fueron recopilados por Brihaspati; y los que se refieren al *kama* fueron expuestos por Nandikeshvara, discípulo de Mahadeva.

Luego, el *Kamasutra, aforismos sobre el amor*, escrito por Nandikeshvara en mil versículos, fue reproducido por Shvetaketu, hijo de Uddalaka, de manera abreviada en quinientos cánones. Esta misma obra fue reproducida de manera aún más

Ataviada con exquisitos adornos, la nayika *curva su cuerpo en una pose atrayente. (Izquierda) Una pintura rupestre de Vishvantara Jataka, siglo VI, Ajanta, norte de Deccan. Se ve a la* nayika *en un palacio de placer.*

sintetizada, en ciento cincuenta cánones, por Babhravya, autóctono de Panchala, al sur de Delhi. Estos últimos aforismos estaban agrupados bajo los siguientes siete títulos:

Sadharana: principios generales
Samprayogika: juego amoroso y unión sexual
Kanya Samprayuktaka: cortejo y matrimonio
Bharyadhikarika: la esposa
Paradarika: seducir a las esposas de otros
Vaishika: la cortesana
Aupanishadika: tradición secreta, estimulación externa y poder sexual

El sexto libro de esta última obra, sobre *Vaishika* (la cortesana), fue expuesto aparte por Dattaka, a petición de las cortesanas de Pataliputra, actual Patna; de manera similar, Charayana explicó el primer libro, *Sadharana* (principios generales).

Los temas restantes fueron tratados por diferentes autores:

Charayana	-	Sadharana	Libro I
Suvarnanabha	-	Samprayogika	Libro II
Gotakamukha	-	Kanya Samprayuktaka	Libro III
Gonardiya	-	Bharyadhikarika	Libro IV
Gonikaputra	-	Paradarika	Libro V
Dattaka	-	Vaishika	Libro VI
Kuchumara	-	Aupanishadika	Libro VII

Como los distintos libros fueron redactados por diferentes autores, resultaba casi imposible reunirlos. Además, dado que cada parte trataba solo de un tema específico, no podía apreciarse como un trabajo completo. La obra original de Babhravya también era difícil de estudiar, debido a su extensión. Por lo tanto, Vatsyayana resolvió el problema redactando su obra en un volumen condensado, a modo de resumen de todos los trabajos de los autores antes mencionados.

Dharma, artha, kama

त्रिवर्गप्रतिपत्ति प्रकरण

Trivargapratipatti Prakarana

l hombre, cuya vida dura unos cien años, se le aconseja practicar el *dharma*, el *artha* y el *kama* en distintas épocas, y de tal modo que armonicen entre sí. En su infancia debe aprender; durante su juventud y edad madura debe ocuparse del *artha* y el *kama*; y en su vejez debe ir tras el *dharma*, y esforzarse en conseguir la *moksha*; es decir, liberarse de una nueva transmigración. O bien, debido a la incertidumbre de la vida, a veces puede practicar juntas estas tres metas. Pero es esencial que lleve la vida de un estudiante religioso hasta que haya terminado su educación.

Dharma es la obediencia al mandato de los *Shastras* (Sagrada Escritura de los hindúes), de llevar a cabo determinadas acciones. Estas incluyen la realización de sacrificios, los cuales generalmente

Parvati es la diosa de la belleza y es excesivamente voluptuosa para ser contemplada. Su mera presencia bastó para despertar los deseos incontrolables de Shiva.

no se cumplen porque, al ser ofrendas para los dioses, a menudo no generan ningún efecto visible. Los *Shastras* prohíben ciertas prácticas, tales como comer carne, las cuales a menudo se llevan a cabo, porque son parte de la vida material y tienen efectos muy visibles.

El *dharma* debe ser aprendido de los *Shruti* y los *Vedas*, y también de aquellas personas que conozcan muy bien estos textos sagrados.

El *artha* implica la adquisición de algún arte, de tierra, oro, ganado, riqueza y amigos; además se extiende a la protección de lo que se ha adquirido, y el incremento de lo que está protegido. El *artha* se debe aprender de los oficiales del rey y de los mercaderes que tienen mucha experiencia en el comercio.

Kama es el disfrute de los objetos a través de los cinco sentidos: el oído, el tacto, la vista, el gusto y el olfato, ayudados por la mente y el alma. El contacto especial entre el órgano del sentido y un objeto, y la conciencia del placer que resulta de ese contacto, se llama *kama*. El *kama* debe ser aprendido del *Kamasutra, aforismos sobre el amor*, y de la experiencia de los ciudadanos.

Cuando los tres, *dharma*, *artha* y *kama*, se encuentran juntos, el que precede es mejor que el siguiente. *Dharma* es mejor que *artha*, y *artha* mejor que *kama*. Pero *artha* siempre debe ser practicado primero por el rey, ya que la subsistencia del pueblo depende solo de *artha*. Del mismo modo, como *kama* es una ocupación de las *veshyas* (mujeres públicas), estas deben preferir este fin antes que los otros dos. Sin embargo, siempre hay excepciones a la regla general.

La unión de Radha y Krishna. (Derecha) Cuando Ravana secuestró a la esposa de Rama, Sita, tuvo que pagar con su vida por cometer una clara violación del dharma. *(Página anterior) Kama hace el amor de modo apasionado con su consorte Rati, quien representa la lujuria y el placer sexual. Aparte de ser las siervas de Kama, las apsaras personifican la belleza celestial y permanecen con las manos juntas en reverencia a esta unión celestial.*

Algunos hombres sabios opinan que tanto el dharma *como el* artha *pueden aprenderse solo de los libros. Pero el* kama, *al encontrarse en todas partes y ser practicado incluso por la creación irracional, no requiere ningún tipo de estudio.*

Esto no es exacto. La relación sexual, al depender del hombre y la mujer, requiere la aplicación de determinados medios, y estos deben ser aprendidos de los *Kama Shastra*. Si no se aplican los medios adecuados, como observamos en la creación irracional, esto se debe a su comportamiento desenfrenado y a que las hembras de los animales solo son aptas para la relación sexual durante ciertas estaciones; además, dicha relación no va precedida de ninguna clase de pensamiento.

Los Lokayatikas *dicen: Los mandamientos religiosos no deben ser observados porque prometan un fruto posterior, lo cual es dudoso.*

Esto no es exacto. La Sagrada Escritura, que ordena la práctica del *dharma*, no admite dudas.

Los sacrificios, como los que se hacen para destruir a los enemigos o para conseguir la lluvia, sí dan fruto. El sol, la luna, las estrellas, los planetas y otros cuerpos celestes parecen obrar de manera intencionada por el bien del mundo. La existencia de este mundo se ve afectada por

la observancia de las reglas que deben respetar las cuatro clases de hombres y sus cuatro estadios de vida. Por consiguiente, Vatsyayana es de la opinión de que hay que obedecer los mandamientos de la religión.

Todo está en manos del destino, el cual controla la ganancia y la pérdida, el éxito y la derrota, el placer y el dolor. Así hemos visto que Bali fue elevado al trono de Indra por el destino, luego fue derrocado por el mismo poder, y solo el destino puede volver a restablecerlo.

No es justo suponer que todo está determinado por el destino. La adquisición de cualquier objeto presupone cierto esfuerzo por parte del hombre. Por lo tanto, se deduce que, incluso cuando algo está destinado a suceder, una persona que no haga algún esfuerzo individual nunca gozará de la felicidad.

Los que se inclinan a pensar que artha *es el principal objeto por conseguir razonan de esta manera: los placeres traen al hombre angustia y lo ponen en contacto con la gente de baja condición, lo hacen cometer actos injustos, lo hacen impuro y despreocupado por el futuro, y fomentan la disipación y la ligereza. Hacen que nadie crea en él, que nadie lo reciba y todos lo desprecien, incluso él mismo.*

Esta observación no es correcta, porque los placeres son tan necesarios para la existencia y el bienestar del cuerpo como el alimento. Además, son el resultado de *dharma* y de *artha*. Sin embargo, deben seguirse con moderación y prudencia.

Algunos *shlokas* señalan:
Por lo tanto, un hombre que practique dharma, artha *y* kama *goza de la felicidad tanto en este mundo como en el mundo venidero. La gente de bien realiza aquellos actos cuyos resultados no le provocan ningún temor por el otro mundo ni representan peligro para su bienestar. Cualquier acto que conduzca a la práctica de* dharma, artha *y* kama *juntos, o de dos ellos, o incluso de uno solo, debe realizarse; pero nunca debe practicarse uno de ellos a expensas de los otros dos.*

Estudio de las artes y las ciencias

विद्यासमुद्देश प्रकरण

Vidyasamuddesh Prakarana

El hombre debe estudiar el *Kamasutra* y las artes y ciencias relacionadas con él, además de las artes y las ciencias relativas al *dharma* y el *artha*. Las jóvenes doncellas también deben estudiar el *Kamasutra*, sus artes y ciencias, antes del matrimonio, y luego continuar estos estudios con el consentimiento de sus maridos. Algunos sabios pueden estar en desacuerdo y decir que las mujeres, al estarles prohibido estudiar cualquier ciencia, no deberían estudiar el *Kamasutra*.

Pero Vatsyayana considera que esta objeción no es válida, porque las mujeres ya conocen los principios del *Kamasutra*, los cuales derivan del *Kama Shastra*, o la ciencia del *kama*.

El *Kama Shastra* para mujeres

Por lo tanto, una mujer debe aprender el *Kama Shastra*, o al menos una parte, y debe estudiar sus principios con una confidente. Debería pasar tiempo estudiando sola las sesenta y cuatro artes que forman parte del *Kama Shastra*. Su maestra debe ser una de las siguientes personas: la

hija de una *dhatri* (nodriza), que haya sido criada con ella y ya esté casada; una amiga digna de confianza; su tía materna; una criada ya anciana; una *sanyasini* (mendicante), que haya vivido antes con la familia; o su propia hermana mayor, en la que siempre puede confiar.

Artes complementarias

Como complemento del *Kama Shastra* se estudiarán artes como el canto, la música instrumental y la danza; la escritura, el dibujo y la pintura; el arreglo de hojas en patrones para adornar la frente; las decoraciones florales para colocarlas en el suelo, alrededor del marco de la puerta y para usarlas en rituales; el adorno de la deidad doméstica con arroz, polvos de colores y flores; además de colorear y pintar las uñas, palmas y otras partes del cuerpo con extractos de hierbas; teñir los dientes, cabello y pies; coser, remendar y teñir prendas; hilar y tejer; camuflar los defectos de la ropa de manera ingeniosa; ensartar collares y guirnaldas de flores en el cabello trenzado en un *shekharaka* (colgante) o en *apidaka* (en forma de círculo).

También ha de aprender el arte de adornar el dormitorio y otras habitaciones privadas con telas de colores y flores apropiadas para diversas estaciones y ocasiones; confeccionar adornos con colmillos de animales, hueso, plata y otros materiales preciosos; extraer perfumes y fragancias de flores y hierbas; aprender las artes culinarias de expertos de diferentes cocinas, hacer bebidas de frutas y extractos espirituosos con diferentes sabores y colores; asimilar las reglas de etiqueta de las personas mayores; y organizar juegos y fiestas con figuras de

Radha y Krishna intercambian marcas de amor. (Izquierda) Los ciudadanos deberían dedicarse a preparar fiestas y actividades apropiadas para los días de primavera y para honrar al dios del amor. Deberán rociarse con agua perfumada y arrojarse flores los unos a los otros.

templos, aves, animales y símbolos animados mediante hilos de colores enrollados alrededor de los dedos; enseñar a loros, minás y estorninos a imitar palabras.

Pasatiempos intelectuales

Aparte, ha de aprender la solución de acertijos, enigmas, juegos de palabras con significado oculto; continuar versos que comiencen con la última letra del verso recitado antes por otra persona; inventar trabalenguas cuyo significado se distorsione cuando se pronuncien rápido; leer, además de cantar y entonar; conocer historias, dramas y leyendas; completar versos e historias a medio componer; adquirir conocimiento de las lenguas regionales y sus dialectos; hablar y descifrar palabras en clave, y cambiar las formas de las palabras al intercambiar las letras o insertar una letra después de cada sílaba; memorizar varios pasajes literarios y versos; repetir obras literarias desconocidas al leerlas o escucharlas una sola vez; componer poemas que incluyan determinadas palabras; tener conocimiento de diccionarios y vocabularios, y de métricas y figuras del habla.

Conocimiento útil

Estudiar arquitectura, construcción y reparación de casas; aprender jardinería y la tradición del cultivo de plantas y árboles, su sustentación y protección contra plagas; reconocer monedas de plata y oro y gemas preciosas; extraer metales y mezclarlos.

Deportes

Practicar deportes acuáticos, golpear el agua para hacer sonidos rítmicos y bucear en varias posturas; aprender juegos de azar y jugar a los dados; empuñar armas; lucha, boxeo y otros ejercicios.

Magia, hechicería, afrodisíacos

Practicar magia y hechicería, y los medios expuestos por Kuchumara para aumentar la belleza, el poder sexual y potenciar el efecto de multitud de hierbas medicinales y estupefacientes con cualidades afrodisíacas y estimulantes; practicar el antiguo arte del masaje corporal con manos y pies, y baños refrescantes con aceites esenciales raros y valiosos; dibujar diagramas místicos, entonar hechizos y encantos, atar amuletos, discernir entre malos y buenos augurios, y acciones encubiertas.

Algunos *shlokas* dicen:

Una veshya *(mujer pública) dotada de buenas disposiciones, belleza y otros atractivos y, al mismo tiempo, con experiencia en las artes ya mencionadas, recibe el nombre de* ganika *(cortesana de alto rango). En una asamblea de hombres, ella recibe un puesto de honor. El rey siempre la respeta y los letrados la alaban; todos buscan sus favores y todos la tienen en alta estima. De modo semejante, la hija de un rey, o la de un ministro, quien también aprendió estas artes, puede ganarse la preferencia de su marido a pesar de que este pueda tener otras esposas. Del mismo modo, si una esposa separada de su marido cae en desgracia, puede ganarse la vida fácilmente, incluso en el extranjero, por su pericia en estas artes. Incluso un breve conocimiento de ellas ya es un atractivo en una mujer.*

Un hombre hábil en estas artes, que sea locuaz y galante, conquistará muy pronto los corazones de las mujeres, a pesar de que solo las haya tratado desde hace muy poco.

(Arriba) Escultura decorativa de un templo en Bhubaneshwar, que muestra a una pareja realizando mithuna. (Abajo) Una horquilla de bronce que representa a una pareja de enamorados. (Izquierda) Una pareja en la agonía de un abrazo apasionado.

Estudio de las artes y las ciencias 35

Hombre de ciudad

नागरकवृत्त प्रकरण

Nagarakavritta Prakarana

n hombre, instruido de esta manera y con la riqueza que puede haber ganado por donación, conquista, comercio, depósito o herencia de sus antepasados, ha de convertirse en cabeza de familia y llevar la vida de un ciudadano. Residirá cerca de hombres cultos en una ciudad, una capital, una gran aldea u otro lugar seleccionado para su sustento. Su casa estará situada cerca de un curso de agua, rodeada por un jardín con enramadas, y dividida en diferentes compartimentos para distintos propósitos. Habrá dos estancias: una exterior y otra interior, para mayor privacidad.

Su residencia

La estancia interior la ocuparán las mujeres. La exterior contendrá un cuarto, fragante, con ricos perfumes; también una cama con un colchón suave, poco elevada en el centro, y cubierta con una sábana blanca y limpia; con un dosel encima y almohadas, tanto en la cabecera como al pie de la cama. En la cabecera habrá un pequeño nicho con una imagen

(Izquierda) Pareja de enamorados, marco de la puerta de una estupa budista.

de la deidad de la familia; cerca, un taburete con frascos para ungüentos perfumados, flores de olor dulce y guirnaldas; macetas para el colirio y otras sustancias fragantes, la corteza del cidro común, y nueces y hojas de betel preparadas. Cerca de la cama habrá un sofá; en el suelo una escupidera de latón grabado; un laúd que cuelgue de una clavija hecha del colmillo de un elefante; un tablero con papel para dibujar y frascos que contengan pinceles y pinturas; unos pocos libros, y algunas guirnaldas de fragantes flores de amaranto amarillo. En el suelo, cerca del sofá, habrá un colchón de hierba suave, y un *gowtakiya* (almohada en forma de barril para reclinarse); allí también debería colocarse un tablero con dados.

Fuera de esta estancia habrá jaulas de aves; y habitaciones aparte para el estudio, pasatiempos, artesanías, hilado y tejido. El jardín contará con un columpio, protegido por la sombra de los árboles, y enramadas de plantas trepadoras, cargadas de flores con un banco elevado para sentarse.

Estilo de vida diario

Después de levantarse por la mañana y de terminar las abluciones necesarias, el cabeza de familia debe lavarse los dientes, aplicarse algunos ungüentos y perfumes, ponerse adornos, colirio en y debajo de los ojos, colorear sus labios con laca roja y comer algunas hojas de betel junto a otros ingredientes para que le den una fragancia agradable a su aliento.

Debe bañarse cada día y limpiar sus axilas; ungir su cuerpo con aceite cada dos días; aplicarse cada tres días *phenaka* (jabón en polvo de hierbas); afeitarse la cabeza y la cara cada cuatro días, y las otras partes de su cuerpo cada cinco o diez días. Todas estas prácticas se realizarán sin falta. Comerá por la mañana, por la tarde y por la noche, tal como prescribe Charayana. Después del desayuno, pasará algún tiempo enseñando a los loros y otras aves a imitar el habla humana, luego disfrutará de las peleas de gallos, codornices y carneros. Dedicará algún tiempo a las diversiones con *pithamardas*, *vitas* y *vidushakas*, a lo que seguirá la siesta de mediodía. Después de esto, el hombre de ciudad, ataviado con sus ropas y adornos, visitará a sus amigos en la tarde y participará en diversiones inteligentes. Por la noche se ofrecerá entretenimiento a través del canto, después de lo cual, en compañía de su amigo, esperará en su habitación, previamente decorada y perfumada, la llegada de la mujer que pueda sentirse atraída por él, o puede enviar a una mensajera o ir él mismo a buscarla. A su llegada, él y su amigo le darán la bienvenida y la entretendrán con una conversación amable y agradable. Así concluyen las ocupaciones del día.

Se suele representar a Shiva con cuatro brazos; con uno sostiene el *damru* (un pequeño tambor de mano) y con otro un tridente. Lleva unos pendientes enormes, el pelo enmarañado y una serpiente enrollada a su alrededor.

(Izquierda) El toro Nandi, fiel y confiable compañero del Señor Shiva.

En honor a la deidad

Ocasionalmente, también es posible que se busquen otras diversiones o actividades de entretenimiento.

En cualquier día propicio para la deidad, debe convocarse una asamblea de ciudadanos en el templo de Saraswati. Allí se pondrá a prueba el talento de los cantantes y otros visitantes que hayan podido venir a la ciudad, y al día siguiente se les dará algunas recompensas. Luego, según haya gustado o no a la asamblea, se les podrá retener o despedir. Los miembros de la asamblea actuarán siempre de común acuerdo, tanto en tiempos de pesadumbre como de prosperidad, y es también su deber brindar hospitalidad a los extranjeros que hayan venido a la asamblea. Esto también se aplica a todas las otras festividades que se pueden celebrar en honor de las diferentes deidades, de acuerdo con las reglas establecidas.

Actividades sociales

Cuando hombres de la misma edad, disposición y talento, aficionados a los mismos placeres y con el mismo grado de educación se reúnen con mujeres públicas, o en una asamblea de ciudadanos, o en la morada de cualquiera de ellos para sostener una conversación agradable, esto se denomina una reunión social. Los temas de conversación incluyen la finalización de versos compuestos a medias, y pruebas del conocimiento de los demás en diversas artes. A las mujeres más bellas, que pueden gustar de las mismas cosas que gustan a los hombres, y que tienen el poder de conquistar, se les rendirá un homenaje apropiado.

Los ciudadanos organizarán fiestas para beber. Las cortesanas ofrecerán primero licores como *madhu*, *maireya*, *sura* y *asawa* a los hombres, junto con delicias de frutas y verduras picantes que contengan ingredientes salados, condimentados, amargos y ácidos, y luego comer y beber ellas mismas.

Por la mañana, después de vestirse, los hombres cabalgarán a los jardines, acompañados por las cortesanas y seguidos por sus criados.

(Izquierda) Una encantadora viñeta de un nayaka *y una* nayika. *Pintura en miniatura, mediados del siglo* XIX, *Pahari.*

Disfrutarán de la mañana en medio de placenteras distracciones, como la lucha de codornices, gallos y carneros; juegos de apuestas, y se deleitarán con el teatro y otras actuaciones. Saciados, deben regresar a casa por la tarde, y llevar consigo ramilletes de flores como recuerdos.

Durante el verano pueden disfrutar de baños en pozos, tanques, y psicinas purificados con sustancias fragantes y en los que no haya criaturas acuáticas peligrosas.

Celebración de la primavera

Los ciudadanos pasarán *yaksharatri* (la noche de la luz) jugando a los dados y apostando; pasearán tranquilos en las noches iluminadas por la luna, o disfrutarán de deportes al aire libre; además de columpiarse, organizar fiestas y festividades apropiadas para los días de primavera, y para celebrar en honor del dios del amor. Recogerán hojas y flores tiernas para adornarse; se rociarán agua perfumada y se arrojarán flores del árbol *kadamba* los unos a los otros; imitarán diálogos y sonidos; y participarán en otros deportes y diversiones que los atraigan en ese momento.

Una mujer instruida en las sesenta y cuatro artes puede ganarse la preferencia de su marido, a pesar de que este pueda tener otras esposas. Del mismo modo, una mujer que esté separada de su marido puede fácilmente ganarse la vida sola, por su conocimiento de estas artes. Un hombre instruido en estas artes, y que además sea locuaz y galante, muy pronto se gana los corazones de las mujeres.

Pithamarda: maestro de las artes

Un *pithamarda* es un itinerante, solo en el mundo y sin un centavo. Experto en ciertas artes, se gana la vida en medio de asambleas de personas interesadas y enseñando a las cortesanas.

Vita: un mensajero

Un *vita* es un hombre casado que alguna vez disfrutó de los placeres de la vida, pero ahora ha perdido su riqueza; tiene las cualidades de un *nagaraka*, incluso si ya no lo es, y es honrado en asambleas de ciudadanos y en las casas de las mujeres públicas. Vive de vincular a los *nagarakas* con las cortesanas.

Vidushaka: un bufón

Un *vidushaka*, también llamado *vaihasika*, es un bufón que provoca risas; todos confían en él y además tiene experiencia en algunas artes. También actúa como asesor; se le emplea después de peleas con el fin de lograr una reconciliación entre ciudadanos y mujeres públicas. Este tipo de consejeros también incluye a las esposas de los brahmanes que viven de limosnas.

Algunos *shlokas* declaran sobre este tema:

Un ciudadano que hable en una reunión sobre varios temas, ni en el idioma sánscrito o en el dialecto de la región, se ganará gran respeto. El sabio no debe recurrir a una sociedad que sea despreciada por el público o que no esté gobernada por regla alguna, o que tenga la intención de destruir a otros. De hecho, un hombre estudiado que vive en una comunidad y actúa de acuerdo con los deseos de la gente, y que tiene el placer como único objeto, es muy respetado en este mundo.

Para Vatsyayana, el nayaka pertenecía a la clase culta y adinerada. (Página anterior) Este organizaba recepciones con música, baile, canto e instrumentos. Siempre iba vestido de manera elegante, con joyas, y ofrecía bebidas y entretenimiento a sus invitados.

Nayikas y mensajeros

नायकसहाय-दूतीकर्म प्रकरण

Nayakasahaya-dooti-karma Prakarana

Cuando los hombres de las cuatro castas lo practican conforme a las reglas del matrimonio legítimo, con vírgenes de su propia casta y según las costumbres de la sociedad, el *kama* se convierte en un medio para conseguir descendencia legal y una buena reputación. Por lo tanto, se les prohíbe la práctica del *kama* con mujeres de un rango social superior, o con aquellas mujeres que otros hombres hayan gozado antes, aunque sean de la misma casta. Se acepta que practique el *kama* con mujeres de una casta inferior, o con mujeres excomulgadas; sin embargo, a pesar de que no se prohíbe la práctica del *kama* con prostitutas y mujeres de las que disfrutaron antes otras personas solo por placer carnal, tampoco se recomienda.

Con un ánimo relajado, la pareja real se mira con cariño. (Izquierda) Mientras la hermosa heroína se viste en privado, su doncella la ayuda. Es probable que la doncella haya actuado en secreto como mensajera y traído al héroe a presenciar los desnudos encantos de su ama.

Nayikas: heroínas

Las *nayikas* son de tres clases: *kanya* (criada), *punarbhu* (mujer soltera, viuda o que haya sido abandonada por su marido) y *veshya* (prostituta, también llamada cortesana).

En busca de una *nayika* especial

Gonikaputra opina que hay una cuarta clase de *nayika*, una mujer a la que se recurre por alguna ocasión especial, a pesar de que puede haber estado casada antes con otro. Estas ocasiones especiales surgen cuando un hombre piensa:

❧Esta mujer es caprichosa y muchos otros han gozado de ella, además de mí. Por lo tanto, puedo recurrir con seguridad a ella como a una prostituta, aunque pertenezca a una casta superior a la mía y, al hacerlo, no violaré los mandamientos del *dharma*.

❧Esta es una mujer casada, poco casta y ha sido gozada por otros; por lo tanto, nada me impide recurrir a ella.

❧Esta mujer ha ganado el corazón de su gran y poderoso esposo y ejerce un dominio total sobre él, que es un amigo de mi enemigo; por lo tanto, si se une conmigo, hará que su esposo abandone a mi enemigo.

❧Esta mujer puede predisponer a mi favor el ánimo de su muy poderoso marido, quien en estos momentos está enojado conmigo y tiene un gran deseo de hacerme daño.

El hombre ingenioso y sabio que está acompañado por un amigo y que conoce las intenciones de los demás, así como el momento y lugar adecuados para hacerlo todo, puede conquistar muy fácil, incluso a una mujer que sea muy difícil de conseguir.

(Derecha) Las salabyhanjayikas *son las ninfas sostenidas por árboles, muy frecuentes en la escultura india. Siempre se visten apropiadamente y llevan espléndidas joyas en el cuello, tobillos y brazos.*

🪷 Al relacionarme con esta mujer recuperaré a mi amigo, o arruinaré a un enemigo, o lograré algún otro propósito difícil.

🪷 Por la unión con esta mujer eliminaré a su marido para obtener su enorme riqueza, que codicio.

🪷 Mi unión con esta mujer me traerá la riqueza que tanto necesito, ya que soy pobre e incapaz de mantenerme.

🪷 Esta mujer conoce todos mis puntos débiles, pero me ama ardientemente. Si me niego a unirme a ella, hará públicas mis faltas y empañará mi reputación. Incluso me acusará de algo asqueroso que yo pueda encontrar difícil de refutar, y estaré arruinado. O tal vez apartará de mí a su poderoso marido, que está bajo su control, y lo unirá a mi enemigo, o ella misma se aliará con este último.

🪷 El esposo de esta mujer ha violado la castidad de mis esposas. Así que, devolveré esa herida seduciendo a las suyas.

🪷 Tomaré la ayuda de esta mujer para matar a un enemigo del rey, quien se ha refugiado con ella, y a quien el rey me ha ordenado destruir.

🪷 La mujer que deseo está bajo el dominio de otra. Podré ganar a la primera a través de la influencia de esta última.

🪷 Esta mujer me traerá a una criada rica y hermosa que es inaccesible y está bajo el control de otro.

🪷 El marido de esta mujer es amigo íntimo de mi enemigo; la usaré para administrarle veneno lento.

Por estas razones y otras similares se puede recurrir a las esposas de otros hombres, pero debe quedar bien entendido que esto se permite por razones especiales solamente y no por mero deseo carnal.

Otras *nayikas*

Charayana cree que todavía hay una quinta clase de *nayika*: una mujer mantenida por un ministro o que acude a él de vez en cuando; o una viuda que apoya los propósitos de un hombre con la persona a la que ella frecuenta.

Suvarnanabha añade que una mujer que viva como asceta y viuda puede ser considerada como una sexta clase de *nayika*.

Ghotakamukha dice que las hijas de una mujer pública o una criada, que todavía sean vírgenes, pueden considerarse una séptima clase de *nayika*.

Gonardiya es de la opinión de que cualquier mujer nacida en una buena familia, pero difícil de abordar después de que ha llegado a la edad adulta, es una octava clase de *nayika*.

Pero estas cuatro últimas clases de *nayikas* no difieren mucho de las cuatro primeras, ya que no hay ninguna razón especial para recurrir a ellas. Por lo tanto, para Vatsyayana solamente hay cuatro clases de *nayikas*: la criada, la mujer dos veces casada, la mujer pública y la mujer a la que uno se dirige por un propósito especial.

Mujeres que se deben evitar

No es recomendable disfrutar de ciertas mujeres: lunáticas; parias; aquellas con una lengua suelta y viperina; incapaces de guardar un secreto; que tengan un impulso sexual desmedido, difícil de satisfacer; que sean desagradables e impuras, y las que hayan perdido el brillo de la juventud.

Los amantes eternos Radha y Krishna, con las piernas entrelazadas en un abrazo amoroso. A medida que él aumenta sus caricias y juegos previos, ella mira con amor a los ojos de su señor. (Izquierda) Una representación inusual de Shiva, en la que abraza a numerosas adoradoras que derraman sobre él su amor y afecto.

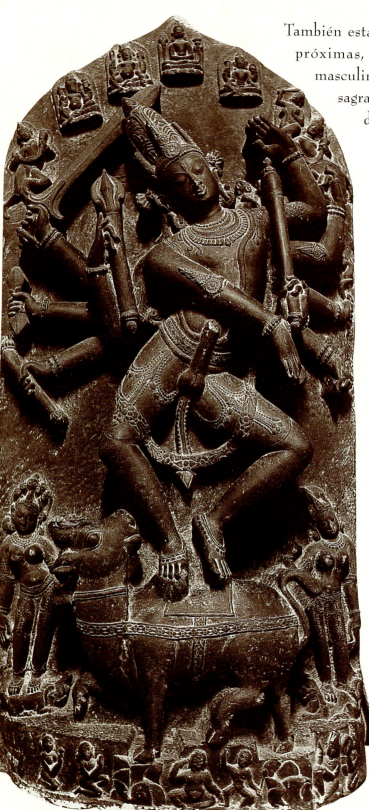

También están prohibidas las parientes próximas, las amigas, las mujeres masculinas y las mujeres del orden sagrado; las esposas de parientes, de amigos, de brahmanes eruditos y las del rey.

Babhravya dice que está permitida cualquier mujer que haya sido gozada por cinco hombres. Pero Gonikaputra opina que, inclusive en este caso, la esposa de un pariente, de un amigo, de un brahmán erudito o de un rey debe ser considerada como una excepción.

El mensajero ideal

Un amigo especial se puede hallar en un compañero de infancia, alguien con quien tienes una obligación, o con tu misma disposición y afición a las mismas cosas, un compañero de estudios, alguien familiarizado con muchos de tus secretos y faltas, y cuyos defectos tú también conoces, como el hijo de tu nodriza, uno con quien hayas crecido, o el hijo de un amigo de la familia.

Tal amigo siempre debe decir la verdad, estar por encima de la tentación, ser amable y apoyar tu causa, tener un carácter firme, libre de codicia, muy difícil de dejarse conquistar por los demás, y que no revele tus secretos.

Charayana dice que un *nagaraka* (hombre de ciudad) puede mantener relaciones de amistad con lavanderos, barberos, vaqueros, floristas, farmacéuticos, vendedores de hojas de betel, cantineros, orfebres, *pithamardas*, *vitas* y *vidushakas*, así como con sus esposas.

Una persona que sea leal amistad tanto del *nagaraka* como de la *nayika* será más confiable y, por lo tanto, adecuada para actuar como intermediario o mediador en asuntos de amor.

Un mensajero debe poseer las siguientes cualidades: ser elocuente, hábil y rápido en la comprensión; audaz pero bien educado; bien informado e ingenioso; sensible para la interpretación correcta de las expresiones faciales y los gestos; no confundirse o sorprenderse con facilidad, y ser capaz de enfrentar cualquier situación.

Esta parte termina con el *shloka*:
El hombre ingenioso y sabio que está acompañado por un amigo y que conoce las intenciones de los demás, así como el momento y lugar adecuados para hacerlo todo, puede conquistar muy fácil, incluso a una mujer que sea muy difícil de conseguir.

La famosa diosa Gyraspur, un aspecto singular y fascinante de la feminidad, esculpida por un maestro artesano en un estilo particular de Madhya Pradesh.
(Izquierda) El Señor Shiva ideó el movimiento de la danza como el medio más expresivo para transmitir el simbolismo del mudra (gesto sagrado). Los voluminosos y creativos íconos escultóricos de la dinastía Pala retrataban el poder sexual.

Juego amoroso y unión sexual

Unión sexual

El abrazo

El beso

Presión y marcas de uñas

La mordida

Vigor e intensidad sexuales

Golpes y sonidos espontáneos

Asumir el rol del hombre

Sexo oral

Comienzo y fin de la unión sexual

Libro 2

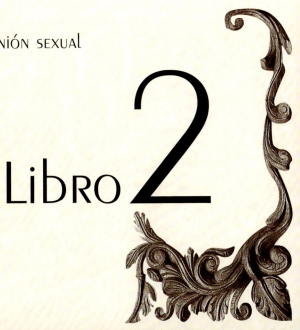

Unión sexual

रतावस्थापन प्रकरण

Ratavasthapana Prakarana

El hombre se divide en tres clases: *shasha* (liebre), *vrisha* (toro) y *ashwa* (caballo), según el tamaño de su *lingam* (falo).

La mujer también, según la profundidad de su *yoni* (vagina), es una *mrigi* (cierva), *vadava* (yegua) o *hastini* (elefante hembra).

Uniones de dimensiones iguales y desiguales

Hay tres uniones iguales entre personas que poseen dimensiones

Igual		Desigual	
Masculino	Femenino	Masculino	Femenino
falo	vagina	falo	vagina
Liebre	Cierva	Liebre	Yegua
Toro	Yegua	Liebre	Elefante
Caballo	Elefante	Toro	Cierva
		Toro	Elefante
		Caballo	Cierva
		Caballo	Yegua

(Izquierda) Durante una unión alta, la mujer cierva debe acostarse y ensanchar su yoni. Aquí ella baja su cabeza y levanta su cintura para adoptar la posición más abierta posible.

correspondientes, y seis uniones desiguales cuando las dimensiones poseídas no se corresponden; por tanto, hay nueve tipos de uniones en total.

En las uniones desiguales, cuando el macho supera en tamaño a la hembra, su unión con una mujer que viene inmediatamente después de él en tamaño se denomina unión alta, y es de dos clases; mientras que su unión con una mujer más alejada de su tamaño se denomina unión muy alta, y es de una sola clase. Cuando la hembra supera al macho en tamaño, su unión con un hombre que viene inmediatamente después de ella en tamaño se denomina unión baja, y es de dos clases; mientras que su unión con un hombre más alejado de ella en tamaño se denomina unión muy baja, y es de una sola clase.

En otras palabras, el caballo y la yegua, y el toro y la cierva forman la unión alta; mientras que el caballo y la cierva forman la unión muy alta. Por el lado que correspone a las mujeres, el elefante con el toro, y la yegua y la liebre, forman las uniones bajas; mientras que el elefante y la liebre forman las uniones más bajas.

Hay, pues, nueve clases de uniones según las dimensiones. De estas, las uniones iguales se consideran las mejores; las muy altas y muy bajas son las peores. Las otras son de grado medio, y entre ellas, las uniones altas se consideran mejores que las bajas, porque en una unión alta el macho puede satisfacer su propia pasión sin lastimar a la hembra; en una unión baja es difícil para una hembra estar satisfecha de cualquier manera.

Uniones de pasión

También hay nueve clases de unión, según la fuerza de la pasión o deseo carnal:

Un hombre de pequeña pasión es uno cuyo deseo en el momento de la unión sexual no es intenso, cuyo semen es escaso, y que no puede soportar los cálidos abrazos de la mujer.

Los hombres de pasión intensa están llenos de deseo. Sin embargo, otros que no son apasionados ni indiferentes, son los de pasión mediana. Del mismo modo, se supone que las mujeres presentan los mismos tres grados de pasión: pequeño, mediano e intenso.

Uniones de tiempo

Por último, según el tiempo, existen tres categorías de hombres y mujeres: los de corta duración, los de duración moderada y los de larga duración; y, como con las demás combinaciones, hay nueve clases de unión.

Esta pintura pata de Orissa muestra a Shiva en unión sexual con su consorte, Parvati. Él sostiene su lingam *con la mano y lo gira en su* yoni, *en una acción descrita como batir. Con las piernas dobladas, ella coloca sus muslos a los lados para participar en la unión en la posición de Indrani.*

Unión sexual

Pero, en esta última categoría, las opiniones difieren sobre la mujer. Auddalika dice: "Las mujeres no eyaculan como los hombres. Los hombres simplemente sacian su deseo, mientras que las mujeres, desde su propia conciencia de deseo, experimentan una especie de placer que les satisface, pero les es imposible explicar qué clase de placer experimentan. Este hecho se hace evidente porque los hombres, en el coito, cesan después de la eyaculación y quedan satisfechos, pero no ocurre así con las mujeres".

Sin embargo, esta opinión es discutible, porque si un varón es de larga duración, la mujer lo ama más, pero si es de corta duración, ella queda insatisfecha con él. Y esta circunstancia, dicen algunos, demuestra que la mujer también eyacula.

Por el contrario, si se necesita mucho tiempo para calmar su deseo, y durante este tiempo la mujer experimenta un gran placer, resulta bastante natural que desee su continuación.

Y sobre este tema hay un *shloka*:
Mediante la unión con los hombres se satisface la lujuria, el deseo o la pasión de las mujeres, y el placer que experimentan se denomina satisfacción.

El deseo creciente de la mujer se hace evidente cuando se sube al regazo de su amante y lo abraza. (Derecha) La nayika se prepara en posición ascendente mientras levanta los dos muslos. La unión sexual tiene lugar en un entorno sereno, en la azotea bajo una noche iluminada por la luna. El héroe retira su lingam a cierta distancia del yoni y luego lo introduce con fuerza, lo que se conoce como dar un golpe.

Pero, según los seguidores de Babhravya, el semen de las mujeres sigue cayendo desde el comienzo hasta el final de la unión sexual, y es correcto que así sea, porque si no tuvieran semen, no habría embrión.

Sin embargo, también existe una opinión contraria. Al comienzo, la pasión de la mujer es mediana y no puede soportar los vigorosos empujes de su amante, pero su pasión aumenta gradualmente hasta que deja de pensar en su cuerpo; luego, finalmente, desea detener el coito.

Sobre esto también hay un *shloka*:
La emisión del semen, que tiene lugar al final de la unión sexual, proporciona al hombre la liberación de su anhelado placer; una mujer, sin embargo, disfruta de la unión en todo momento. Cuando ambos han derramado el semen, entonces desean la interrupción del coito.

Vatsyayana es de la opinión de que el semen de la mujer se eyacula de la misma manera que el del hombre.

Conciencia relativa del placer

Algunas personas se preguntan por qué los hombres y las mujeres tienen diferentes reacciones, cuando son seres de la misma especie y ambos se dedican a obtener los mismos resultados. Vatsyayana cree que esto se debe a que la conciencia del placer es distinta entre ellos. De acuerdo con su naturaleza individual, los hombres son los activos, y las mujeres son las personas sobre las que ellos actúan; de lo contrario, el activo a veces sería la persona sobre la que se actúa, y viceversa.

Y de esta diferencia en las formas de actuar se deduce la diferencia en su conciencia de placer, ya que un hombre piensa: "Esta mujer está unida a mí", y una mujer piensa: "Estoy unida a este hombre".

Además, cabe preguntarse: si las formas de actuar son diferentes en hombres y mujeres, ¿por qué no debería existir una diferencia en el placer que experimentan?

> *Los hombres y las mujeres, al ser de la misma naturaleza, experimentan la misma clase de placer y, por lo tanto, un hombre debe primero excitar a la mujer mediante un juego amoroso ardiente, y luego comenzar vigorosamente el coito, para que ella alcance el clímax antes o simultáneamente con él.*

Pero esto no es cierto: aunque la persona que actúa y la persona sobre la que se actúa son de diferentes clases, y hay una diferencia en sus formas de actuar, no hay razón para ninguna diferencia en el placer que experimentan, porque ambos naturalmente consiguen placer del acto que realizan.

Hay un *shloka* sobre este tema:
Los hombres y las mujeres, al ser de la misma naturaleza, experimentan la misma clase de placer y, por lo tanto, un hombre debe primero excitar sexualmente a la mujer mediante un juego amoroso ardiente, y luego comenzar vigorosamente el coito, para que ella alcance el clímax antes o simultáneamente con él.

Dado que hay nueve clases de uniones con respecto a las dimensiones, la fuerza de la pasión y la duración, las combinaciones de todas estas clases producirían innumerables tipos de uniones. Por lo tanto, en cada clase particular de unión sexual, los hombres deben emplear los medios que consideren convenientes para cada ocasión.

Al experimentar la unión sexual por primera vez, la pasión del hombre es intensa y su tiempo es corto, pero en uniones posteriores en la misma noche, sucede lo contrario. Con la hembra ocurre exactamente lo opuesto, porque durante la primera vez su pasión es débil y su tiempo largo, pero en ocasiones posteriores en la misma noche, su pasión es intensa y el tiempo corto.

(Izquierda) Además de una hermosa perspectiva, el estiramiento acrobático que realiza la mujer le permite a su amante una penetración más profunda y empujes más vigorosos..

Es una creencia común que la eyaculación del hombre ocurre antes que el orgasmo de la mujer.

Los siguientes *shlokas* establecen:
Según algunos sabios antiguos, las mujeres con extremidades delicadas son propensas a alcanzar el clímax antes, así como las mujeres corpulentas ya excitadas por los besos, abrazos y otras caricias externas.

Cuatro clases de amor

Los hombres instruidos en humanidades son de la opinión de que existen cuatro clases de amor:

El amor que resulta de la ejecución continua de un acto se denomina amor adquirido por práctica y hábito constante, como el amor de la relación sexual, el amor por la caza, la bebida o el juego.

El amor experimentado por ideas a las que no estamos habituados se denomina amor debido a la imaginación, como el que sienten algunos hombres, mujeres y eunucos al realizar el *auparishtaka* (sexo oral) y el que experimenta todo el mundo cuando se abrazan, besan, acarician y rasguñan.

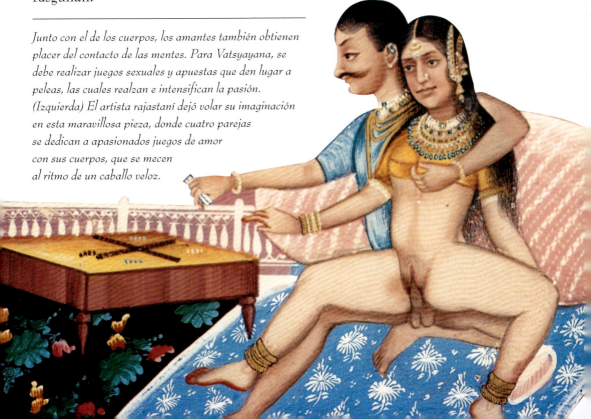

Junto con el de los cuerpos, los amantes también obtienen placer del contacto de las mentes. Para Vatsyayana, se debe realizar juegos sexuales y apuestas que den lugar a peleas, las cuales realzan e intensifican la pasión. (Izquierda) El artista rajastaní dejó volar su imaginación en esta maravillosa pieza, donde cuatro parejas se dedican a apasionados juegos de amor con sus cuerpos, que se mecen al ritmo de un caballo veloz.

El amor que es recíproco y prueba ser sincero, cuando cada uno mira al otro como propio, se denomina amor que resulta de la creencia.

El amor que resulta de la percepción de objetos externos es bastante evidente y bien conocido por todo el mundo, ya que el placer que proporciona es superior al placer de las otras clases de amor, que solo existen por su propio bien.

Los juegos previos, besos, abrazos y golpes que despiertan las pasiones tanto del hombre como de la mujer, hasta un punto donde la unión sexual es una culminación natural, evocan:

- Exaltación física y mental.
- Placer por el contacto de las mentes, que genera amor a través de la unión física.
- Amor que llena el alma y se desborda en el transcurso de la unión física.
- La combinación de placer sexual y amor mutuo.
- Éxtasis de unión física, cuando el cuerpo y el espíritu se fusionan.
- Amor aislado, disfrute y descanso pacífico.
- Elevación de la mente por encima de lo mundano.

Mientras pasean juntos por un lugar solitario, los dos amantes frotan sus cuerpos. En esta ocasión también se puede adoptar el abrazo de presión al recostar al otro con fuerza contra un soporte.
(Páginas 68-69). En una noche bajo la luz de la luna, el joven nayaka toma a su amada a mitad de camino e intenta seducirla.
Su impaciencia es evidente.

El abrazo

अलिंगनविचार प्रकरण

Alinganavichara Prakarana

Esta parte del *Kama Shastra* que trata de la unión sexual se denomina *Chatushshashti* (sesenta y cuatro). Algunos autores dicen que tiene ese título porque contiene sesenta y cuatro capítulos.

Los seguidores de Babhravya dicen que esta parte contiene ocho temas: el abrazo; el beso; el arañazo con las uñas o los dedos; la mordida; el acostarse; la producción de varios sonidos; *purushayitam*, es decir, cuando la mujer desempeña el papel del hombre; y el *auparishtaka* (sexo oral). Cada tema tiene ocho tipos, y como ocho multiplicado por ocho es sesenta y cuatro, por lo tanto, el título de esta parte es *Chatushshashti*.

Sin embargo, Vatsyayana afirma que, como esta parte también contiene aspectos tales como los golpes, los gritos, los actos del hombre durante la unión sexual, los diversos tipos de uniones y otros, el título sesenta y cuatro se le ha dado por azar.

Tipos de abrazos

Babhravya se refiere a ocho tipos diferentes de abrazos:

El abrazo que indica el amor mutuo entre un hombre y una mujer que se han unido es de cuatro variedades, y la acción viene determinada por la palabra que la designa. Si, con algún pretexto, un hombre va

delante o al lado de una mujer y con su cuerpo toca el de ella, se denomina el abrazo de contacto.

Si una mujer en un lugar privado se inclina como para recoger algo, presiona sus senos contra un hombre sentado o de pie, y el hombre se apodera de ellos, esto se conoce como un abrazo penetrante.

Estos dos tipos de abrazos solo tienen lugar entre personas que aún no se hablan con entera libertad. Cuando dos amantes se pasean lentamente, ya sea en un lugar oscuro, público o solitario, y frotan sus cuerpos uno contra el otro, esto se llama un abrazo de frotamiento.

Si en una ocasión similar a la anterior, uno de ellos presiona el cuerpo del otro contra una pared o un pilar, esto se conoce como un abrazo de presión. Estos dos últimos abrazos son propios de quienes conocen las intenciones del otro.

Abrazos al encontrarse

En el encuentro se utilizan cuatro clases de abrazos:

Cuando una mujer se aferra a un hombre tal como una enredadera se enrosca a un árbol, adelanta su cabeza hacia él para besarlo, hace un ligero ronroneo, lo abraza y lo mira amorosamente, este abrazo se llama enlace de la enredadera.

Cuando una mujer pone uno de sus pies sobre el pie de su amante, y el otro sobre uno de sus muslos; luego pasa uno de sus brazos alrededor de su espalda y el otro por sus hombros; hace un ligero zumbido y arrullo, y se sube a él para obtener un beso, este abrazo se asemeja a la subida a un árbol. Estos dos últimos abrazos tienen lugar cuando el amante está de pie.

Cuando los amantes están acostados en una cama, se abrazan tan estrechamente que sus brazos y sus muslos se rodean entre sí, y se frotan, este es un abrazo como una mezcla de granos de sésamo y arroz.

Si un hombre y una mujer están muy enamorados y se abrazan como si quisieran penetrar en el cuerpo del otro, ya sea cuando la mujer está sentada en el regazo del hombre, o frente a él, o en una cama, este se denomina un abrazo como mezcla de leche y agua.

Estos dos últimos tipos de abrazos tienen lugar en el momento de la unión sexual.

Abrazar partes específicas del cuerpo

Suvarnanabha nos ofrece cuatro maneras de abrazar partes específicas del cuerpo:

Cuando uno de los dos amantes presiona con fuerza uno o ambos muslos del otro contra los suyos, este es el abrazo de los muslos. Si un hombre presiona su *jaghana* (parte media del cuerpo) contra el de la mujer, y la monta para arañarla con las uñas o los dedos, o bien para morderla, golpearla o besarla, mientras los cabellos de ella permanecen sueltos y flotando, esto se conoce como abrazo del *jaghana*. Si un hombre pone su pecho contra los senos de una mujer y la aprieta, esto se denomina el abrazo de los senos. Si uno de los amantes toca la boca, los ojos y la frente del otro con los suyos, esto se conoce como el abrazo de la frente.

Algunos dicen que incluso el masaje es una clase de abrazo, porque implica contacto entre cuerpos. Pero Vatsyayana piensa que el masaje se realiza en otro momento y para un propósito distinto, además de tener un carácter diferente, así que no se puede considerar un abrazo.

Algunos *shlokas* nos aclaran más sobre esto:
Todo el tema del abrazo es de tal naturaleza que los hombres que preguntan al respecto, que oyen hablar de ello, o que hablan de ello, experimentan un deseo de goce. Incluso aquellos abrazos que no se mencionan en el Kama Shastra *deben practicarse en el momento del disfrute sexual, si con ello de alguna manera puede conseguirse un aumento del amor o la pasión. Las reglas del* Shastra *pueden aplicarse mientras la pasión del hombre sea mediana, pero una vez se ha puesto en movimiento la rueda del amor, ya no existe* Shastra *ni orden.*

El héroe atrapa a su amada, la abraza con los muslos e intenta agarrar sus pechos. (Izquierda) El lataveshtitakam *(enlace de la enredadera): la mujer se aferra al hombre e inclina su cabeza para besarlo. Escultura de piedra en una pared del Templo del Sol, Konark, Orissa, siglo XIII.*

El abrazo 71

El beso
चुम्बनविकल्प प्रकरण

Chumbanavikalpa Prakarana

Algunas personas opinan que no hay momento ni orden fijo para el abrazo y el beso, ni para presionar o arañar con las uñas o los dedos. Sostienen que, por lo general, deben tener lugar antes de la unión sexual, mientras que los golpes y la emisión de distintos sonidos deberían suceder en el momento del coito. Vatsyayana, sin embargo, piensa que cualquier cosa puede ocurrir en cualquier momento, porque el amor no se preocupa del orden ni del tiempo.

Con ocasión de la primera unión sexual, los besos, los arañazos, etc., deben moderarse, no proseguirlos por mucho tiempo y alternarlos. En ocasiones posteriores, los amantes pueden hacerlo por más tiempo, y para encender el amor, todos los métodos se pueden utilizar a la vez.

Sitios para besar
Los besos se darán en la frente, los ojos, las mejillas, el cuello, el pecho, los senos y el interior de la boca. La gente del país de Lat también se besa en las junturas de los muslos, los brazos y el ombligo.

(Izquierda) El hombre alza el rostro de su nayika *mientras le sostiene la cabeza y el mentón, y luego la besa, lo que se conoce como un beso invertido. Ella, sin embargo, se siente tímida y cierra los ojos.*

Besos de una muchacha

Para una joven hay tres clases de besos:

Si una muchacha tan solo toca la boca de su amante con la suya, pero no hace nada más, esto se denomina beso nominal.

Si una muchacha, dejando a un lado su timidez, desea tocar el labio que presiona sobre su boca y mueve su labio inferior, pero no el superior, esto se conoce como beso palpitante.

Cuando una muchacha toca los labios de su amante con su propia lengua, cierra los ojos y pone sus manos en las de su amante, esto se denomina beso de toque.

Otras opiniones sobre los besos

Si los labios de dos amantes se ponen en contacto directo, este es un beso directo.

Si las cabezas de dos amantes se inclinan una hacia la otra y se besan, esto se denomina un beso torcido.

Cuando uno de ellos hace girar el rostro del otro mientras le sostiene la cabeza y el mentón, y luego le da un beso, se denomina un beso girado.

En estos tres tipos de besos, cuando uno presiona el labio inferior del otro con gran fuerza, esto se conoce como un beso presionado.

La nayika se curva de repente hacia atrás para darle a su amante un beso torcido. (Izquierda) Algunas mujeres de la estancia interior son amorosas y también se complacen en practicar el sexo oral en los yonis de las demás. Aquí las vemos en medio de un intenso deseo, con sus labios sellados en un beso profundo y palpitante mientras sus manos exploran sus cuerpos.

Hay también una quinta clase de beso, llamado el beso muy presionado, que se practica sosteniendo el labio inferior con dos dedos, tocándolo con la lengua y oprimiendo muy fuerte con el labio.

Besos de pasión

También se puede apostar en cuanto a quién será el primero en coger los labios del otro. Si la mujer pierde, debe fingir llorar, apartar a su amante con sus manos, darse la vuelta y discutirle que "debe concederle una revancha". Si pierde por segunda vez, debe coger el labio inferior del hombre y sostenerlo entre sus dientes para que no se le escape. Entonces se echará a reír en voz alta, se burlará de él, bailará y bromeará con él, moviendo las cejas y girando los ojos.

Estas son las apuestas y las disputas que acompañan el beso, pero también se pueden asociar con la presión y los arañazos con las uñas y los dedos, con las mordidas y los golpes. Todos estos, sin embargo, solo son propios de los hombres y mujeres de pasión intensa.

Si un hombre besa el labio superior de una mujer y esta, a cambio, besa su labio inferior, esto se conoce como el beso del labio superior.

Cuando uno de ellos toma los labios del otro entre los suyos, se denomina un beso que aprieta, pero una mujer solo recibe esta clase de beso de un hombre que no lleva bigote. Y durante este beso, si uno de ellos toca con la lengua los dientes, lengua y paladar del otro, esto se llama el combate de la lengua. También se debe ejercer una presión con los dientes contra la boca del otro.

Moderado, presionado, contraído, suave

Los besos son de cuatro tipos: moderado, presionado, contraído y suave, según las distintas partes del cuerpo en que se dé, ya que para diferentes partes del cuerpo corresponden diferentes tipos de besos.

Si una mujer mira a su amante mientras este duerme y lo besa para mostrar su deseo de unirse, este es un beso que enciende el amor.

Si una mujer besa a su amante mientras él está ocupado en negocios, o discutiendo con ella, o prestando atención a algo más, este sería un beso que distrae.

Cuando un amante llega a casa a altas horas de la noche y besa a su amada que está dormida en su cama, para mostrarle su deseo, este es un beso que despierta.

La mujer puede fingir que duerme en el momento que su amante llega, para descubrir las intenciones de él y conseguir que la respete.

Una persona que besa la imagen del ser querido reflejada en un espejo, en el agua o en la sombra en una pared, está dando un beso que muestra intención.

Cuando una persona besa a un niño sentado en su regazo, o un cuadro, una imagen o una figura en presencia de la persona amada, este se convierte en un beso transferido.

Estas placas de marfil muestran una secuencia de acontecimientos transcurridos durante la cita secreta de los amantes. En la primera placa, la mujer se acerca para darle un beso de aliento al hombre cuando lo descubre mirando hacia otro lugar y con la mente perdida en otra cosa. Al final, los amantes toman sorbos de vino de manera alterna, a medida que su pasión toma un ritmo febril.

Por la noche, en el teatro o en una reunión de hombres de la misma casta, cuando un hombre se acerca a una mujer y le besa un dedo de la mano, si está de pie, o un dedo del pie si está sentada; o cuando una mujer al masajear el cuerpo de su amante pone el rostro en su muslo como si tuviera sueño, para encender su pasión, y le besa el muslo o el dedo gordo del pie, esto se llama un beso demostrativo.

Incluso hay un *shloka* sobre este tema:
Cualquier cosa que uno de los amantes haga al otro, este debe devolvérsela; si la mujer lo besa, él debe besarla a cambio; si ella lo golpea, él también debe golpearla.

La nayika se sube a su regazo y empieza a controlar el flujo de los cuerpos cuando pone sus brazos alrededor de su cuello y sus piernas alrededor de sus muslos, en un abrazo como la mezcla de leche y agua. (Izquierda) Los dos amantes se miran a los ojos con amor mientras su cuerpo y espíritu se juntan en el éxtasis de la unión física.

El beso 79

Presión y marcas de uñas

नखरदनजाति प्रकरण

Nakharadanajati Prakarana

Cuando el amor se vuelve intenso, se puede recurrir a la presión o el arañazo con las uñas sobre el cuerpo del otro: ya sea en la primera unión, al salir y regresar de un viaje, cuando un amante enojado se reconcilie, o cuando la mujer está borracha.

Sin embargo, la presión con las uñas no es habitual, excepto con aquellos amantes de pasión intensa y llenos de lujuria. Junto con las mordidas, esta práctica es solo para aquellos a quienes les resulte agradable.

Las personas con una pasión intensa y que deseen disfrutar de estos juegos de amor, deben cortarse las uñas de los dedos de la mano izquierda de manera que les queden dos o tres crestas, como la hoja de una sierra. Aquellos con pasión media deben cortárselas puntiagudas como el pico de un loro, y aquellos con menos pasión deben darles la forma de una media luna.

Los sitios que se deben presionar con las uñas son la axila, el cuello, los senos, el *jaghana* o partes medias del cuerpo, y los muslos. Pero

---

(Izquierda) El nayaka *contrae sus dedos para formar un hueco con la palma de la mano y acariciar el espacio entre los senos. La posición relajada en la que yace la pareja indica los momentos iniciales de la sesión muy tormentosa y prolongada que seguirá.*

Suvarnanabha considera que cuando la impetuosidad de la pasión es excesiva, no hay que preocuparse por qué sitios presionar.

Las buenas uñas deben tener las siguientes cualidades: ser brillantes, estar bien cuidadas, limpias, enteras, convexas, suaves y de apariencia pulida. Las uñas son de tres clases, según su tamaño:

Las uñas largas, que confieren gracia a las manos y atraen los corazones de las mujeres por su apariencia, son una cualidad particular de la gente de Bengala.

Las uñas cortas, que se pueden llevar de varias maneras y se deben aplicar solo para dar placer, son comunes entre la gente del sur.

Las uñas medianas, que poseen las propiedades de las dos clases anteriores, son propias de la gente de Maharashtra.

Presionar con las uñas

Hay ocho maneras de presionar con las uñas, de acuerdo con las formas de las marcas que dejan:

Cuando una persona presiona el mentón, los senos, el labio inferior o el *jaghana* de otra, con tanta suavidad que no deja ningún rasguño o marca, y el vello corporal se eriza solo por el contacto, y las uñas mismas producen un sonido, esto se denomina presión sonora con las uñas.

Esta presión se emplea cuando un amante masajea a una muchacha, le rasca la cabeza y quiere desconcertarla o asustarla. Se presiona en la parte posterior del cuello y en los pechos, para hacer una curva profunda que asemeje una media luna.

Aquí vemos cómo la mujer coloca uno de sus pies sobre los pies de su amante y el otro en su muslo, luego le pasa un brazo por la espalda y otro alrededor de sus hombros y se sube hasta él para pedirle un beso, en un abrazo que se asemeja al acto de trepar a un árbol. (Izquierda) En la alta intensidad de la pasión se recomienda presionar o marcar con las uñas. Las marcas especiales en los senos asemejan a la forma de una media luna, una uña de tigre o el salto de una liebre; en esta última se hacen cinco marcas, muy cerca una de la otra, alrededor del pezón.

Las medias lunas quedan marcadas una enfrente de la otra para formar un círculo.

Esta marca generalmente se hace en el ombligo, en las pequeñas cavidades por encima de las nalgas y en las junturas del muslo.

Una marca en forma de una línea corta, que se puede dejar en cualquier parte del cuerpo, se denomina una línea.

Cuando la línea corta se curva y se hace en el pecho, se llama uña de tigre.

Una marca parecida a la huella de un pavo real alrededor del pezón, se hace colocando el pulgar por debajo y los dedos por encima, y luego apretando suavemente y con firmeza. Esta marca que toda mujer desea requiere gran habilidad y la deleita inmensamente.

Cuando se hacen cinco marcas con las uñas cerca del pezón, se denomina salto de liebre.

Una marca hecha en el pecho o en las caderas en forma de hoja de loto azul, se le llama de esa manera precisamente.

Si una persona se va de viaje y hace una marca de tres o cuatro líneas impresas muy juntas en los muslos o en los pechos, esto es una señal de recuerdo.

Cuando el deseo de una mujer queda insatisfecho y su amante está fatigado por la cópula, ella debe acostarlo sobre su espalda y darle placer mientras asume el rol del hombre. (Izquierda) Con su cabello desenredado y suelto, la nayika se aleja de manera seductora de los avances y abrazos de su amante demasiado excitado.

Estas son las marcas hechas con uñas. También se pueden hacer marcas de otros tipos, ya que presionar o marcar con las uñas es independiente del amor, y nadie puede decir con certeza cuántas clases de marcas con las uñas realmente existen. La explicación de Vatsyayana para esto es que, como la variedad es necesaria en el amor, este también debe ser producto de la variedad. De ahí que las cortesanas, que conocen bien las diversas prácticas amorosas, sean tan deseadas.

No se deben hacer marcas de uñas a la esposa de otro hombre, pero se pueden imprimir marcas particulares en sus partes privadas, para recordar y aumentar el amor.

También hay algunos *shlokas* sobre este tema:
El amor de una mujer queda reanimado y renovado al ver las marcas de las uñas en las partes íntimas de su cuerpo, aunque estas sean antiguas y estén casi borradas. Si no existen marcas de uñas para recordar a una persona que el amor ha pasado por ella, entonces el amor disminuye de la misma manera que cuando no hay unión durante mucho tiempo.

Incluso cuando un joven ve casualmente a una hermosa criada con las marcas de uñas en sus pechos, se siente lleno de amor y deseo por ella.

Un hombre que también lleva marcas de uñas o de dientes en algunas partes de su cuerpo ejerce una influencia en el ánimo de una mujer, por muy firme que esta se muestre. En resumen, nada tiende a aumentar el amor tanto como los efectos de marcar con las uñas y las mordidas.

Esta ingeniosa pareja combina el ritmo de sus cuerpos con los sonidos cadenciosos de sus notas de amor. (Izquierda) Los amantes se abrazan como si estuvieran entrando en el cuerpo del otro. La mujer adopta la postura de media presión al estirar una pierna y contraer la otra.

La mordida
दशनच्छेद्यविधि प्रकरण
Dashanachhedyavidhi Prakarana

Todas las partes del cuerpo que pueden ser besadas, pueden ser también mordidas, excepto el labio superior, el interior de la boca y los ojos. Los buenos dientes han de ser parejos, de un brillo agradable, susceptibles de ser coloreados, de proporciones adecuadas, intactos y con los bordes finos. Por el contrario, los dientes defectuosos son aquellos que están mellados, son ásperos, flojos, grandes y sobresalen de las encías.

Mordida saludable

Cuando los dientes están sanos se pueden hacer los siguientes tipos de mordidas:

La mordida oculta, que es evidente solo por el enrojecimiento excesivo de la piel.

Si la piel se presiona hacia abajo en ambos lados, se denomina mordida hinchada.

Cuando una pequeña porción de la piel es mordida con dos dientes solamente, se denomina el punto.

(Izquierda) La pareja esculpida en las paredes del templo de Konarak encarna la descripción perfecta de la unión sexual suspendida. El hombre se apoya contra una pared y la mujer se sienta en sus manos, que están juntas y debajo de ella. Luego, la mujer le rodea el cuello con los brazos, coloca sus muslos a lo largo de su cintura, sus pies contra la pared, y empieza a moverse.

Cuando con todos los dientes se muerden pequeñas porciones de la piel, esto se conoce como línea de puntos.

Cuando la mordida se hace con los dientes y los labios, se conoce como el coral y la joya. El labio es el coral y los dientes son la joya.

Si la mordida se hace con todos los dientes, se llama la línea de joyas.

Una mordida en los pechos, cuyas marcas en forma de círculo quedan desiguales a causa de los espacios entre los dientes, se denomina la nube quebrada.

Las mordidas en los pechos y los hombros, consistentes en largas filas de marcas, una cerca de la otra y con intervalos rojizos, se conocen como la mordida del jabalí. Estas dos últimas clases de mordeduras son para los más apasionados.

Preferencias femeninas

En materia de amor, un hombre debe procurar hacer cosas que sean agradables para las mujeres de diferentes regiones. A las mujeres de las regiones centrales, entre el Ganges y Yamuna, no les gusta la presión con las uñas, los arañazos ni las mordidas. Las mujeres de Bahlika, Baluchistán, pueden ser conquistadas con los golpes. A las mujeres de Maharashtra les gusta practicar todas las sesenta y cuatro artes: articulan sonidos soeces, guturales, y les gusta que les hablen del mismo modo. Las mujeres de Pataliputra, actual Patna, son como las anteriores, pero solo revelan sus gustos en secreto. Las mujeres de Drávida, en Tamil Nadu, aunque

El hombre parece estar reteniendo a su nayika mientras juega con sus senos. Ella levanta sus manos en una expresión que muestra que ha cedido a sus avances sin ninguna resistencia. (Izquierda) Mientras la nayika espera, su amante se cuela por detrás en pleno abrazo y la sorprende jugando con sus senos.

sean muy bien frotadas y presionadas durante el disfrute sexual, tienen una eyaculación muy lenta y se demoran para completar el coito. Las mujeres de Vanavasi pasan por todo tipo de juegos amorosos, cubren las marcas de sus cuerpos y regañan a aquellos que pronuncian palabras mezquinas y duras. Las mujeres de Avanti también odian besar, las marcas con las uñas y las mordeduras, pero disfrutan de varios tipos de unión sexual. Sin embargo, a las mujeres de Malwa les gusta abrazar y besar, y las puede conquistar aquel que las golpee. Las mujeres de Abhira y el Punjab son conquistadas con el *auparishtaka* (sexo oral). Las mujeres de Aparanta son muy apasionadas. Las mujeres de Lat tienen deseos impetuosos y emiten sonidos jadeantes durante el coito. Las mujeres de Strirajya y Kosala, en Oudh, son similares; eyaculan en grandes cantidades y se sabe que toman medicamentos para facilitar esta eyaculación. Dotadas de cuerpos suaves, a las mujeres de Andhra

Alrededor del pezón se hace una marca que se asemeja a la huella de un pavo real al colocar el pulgar por debajo del pecho y los dedos por encima, y luego apretar con suavidad y firmeza a la vez. Esta marca la desea toda mujer y le causa inmenso deleite. (Izquierda) Durante la unión sexual, si la mujer gira su parte media como una rueda, los dos alcanzarán lo máximo, lo que proporciona un placer voluptuoso. Esta postura requiere práctica, habilidad y un torso muy flexible.

les gusta divertirse y los placeres sensuales. Las mujeres de Gauda tienen cuerpos tiernos y hablan con dulzura.

De todas las acciones mencionadas, ya sea abrazar, besar o presionar, deben hacerse primero las que acrecientan la pasión, y las que son solo por diversión o variedad deben hacerse después.

Los *shlokas* sobre este aspecto dicen:
Cuando un hombre muerde con fuerza a una mujer, ella debería hacerle lo mismo enojada y con el doble de fuerza. Así, por un punto debe devolver una línea de puntos, y por una línea de puntos, una nube quebrada. Si la mujer está muy excitada, debe comenzar de inmediato una querella de amor con el hombre. En ese momento, ella debería agarrar a su amante por el pelo, hacerle inclinar la cabeza y besar su labio inferior, y entonces, intoxicada de amor, debería cerrar sus ojos y morderlo en varias partes del cuerpo. Incluso de día, y en un lugar público, cuando su amante le muestre cualquier marca que ella pueda haberle infligido, debe sonreírle y volverle la cara como si fuera a regañarlo; entonces le mostrará con una mirada enojada las marcas que él le ha hecho en su propio cuerpo. Así, si los hombres y las mujeres actúan según el gusto del otro, su amor no disminuirá ni siquiera en cien años.

El héroe envuelve a su amante en sus brazos mientras anhela besarla.
(Páginas 96–97) La mujer adopta una posición muy presionada para compensar las capacidades sexuales de su enorme pareja. Este tipo de unión desigual, donde un hombre toro toma a una mujer cierva, requiere que ella doble ambas piernas y abra sus muslos. El hombre presiona su pecho contra las piernas retraídas de ella, le aplasta los senos y la posee.

Vigor e intensidad sexuales

संवेशनप्रकार प्रकरण

Samveshanaprakara Prakarana

Durante una unión alta, la *mrigi* (mujer cierva) debe tenderse y ensanchar su *yoni*, mientras que, en una unión baja, la *hastini* (mujer elefante) debe contraer el suyo. Pero en una unión sexual entre iguales, se debe recurrir a una posición natural. Esto también se aplica a la *vadava* (mujer yegua). En una unión baja, se aconseja a la mujer que haga uso de un *lingam* artificial para que sus deseos queden rápidamente satisfechos.

Posiciones amorosas

La mujer cierva puede acostarse de tres maneras:

Si baja la cabeza y levanta la parte media del cuerpo, adopta la posición ampliamente abierta. El hombre debe aplicar un ungüento para facilitar la entrada.

Si la mujer levanta sus muslos, los mantiene separados y seguidamente participa en la unión sexual, está en la posición de bostezo.

Cuando ella desplaza a los lados sus muslos, con las piernas encogidas, y entonces se involucra en la unión sexual, toma la posición de Indrani; esta última solo se puede aprender con la práctica.

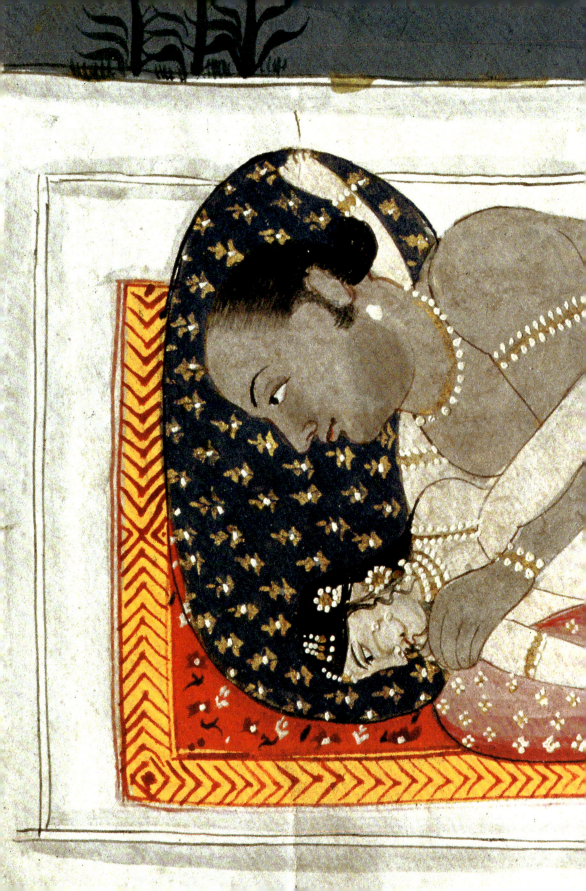

Si las piernas del hombre y de la mujer se extienden una sobre la otra, adoptan la posición de agarre. Esta última es de dos tipos, la posición lateral y la posición supina. En la lateral, el hombre se acuesta sobre su lado izquierdo y hace que la mujer se acueste sobre su lado derecho; esto puede hacerse con toda clase de mujeres.

La posición de agarre se emplea en uniones bajas, junto con la posición de presión, la posición de torsión y la posición de la yegua.

Después de que la cópula ha comenzado en la posición de agarre, si la mujer presiona a su amante con sus muslos, se dice que adopta la posición de presión.

Cuando la mujer coloca uno de sus muslos sobre el muslo de su amante, esta se llama la posición de enlace.

Cuando una mujer retiene con fuerza el *lingam* en su *yoni* después de que está adentro, ella toma la posición de la yegua. Se necesita práctica para esta posición, y es común entre las mujeres de Andhra.

Estas son las diferentes maneras de acostarse, como menciona Babhravya. Sin embargo, Suvarnanabha añade lo siguiente:

Cuando la mujer extiende los dos muslos hacia arriba, se dice que está en posición ascendente. Si levanta ambas piernas y las coloca en los hombros de su amante, está en la posición de bostezo.

Cuando las piernas están contraídas y el amante las sostiene ante su pecho, esto se conoce como la posición presionada.

(Derecha) Una vez que la rueda del amor comienza a girar, las acciones apasionadas y los movimientos amorosos surgen en el impulso del momento, y son tan irregulares como los sueños.

Si solo una de las piernas de la mujer está estirada, está en la posición semi presionada.

Cuando la mujer coloca una de sus piernas sobre el hombro de su amante y estira la otra, luego cambia de posición y va alternándose, esto se conoce como abrir un bambú.

Si coloca una pierna alrededor de la cabeza del hombre y estira la otra pierna, se dice que está sujetando un clavo. Esta posición se aprende solo con la práctica.

Cuando ambas piernas de la mujer están contraídas y colocadas sobre su estómago, se dice que está en la posición del cangrejo.

Si los muslos están elevados y colocados uno sobre el otro, esta se denomina la posición en paquete.

Cuando sus piernas están una sobre la otra, ella toma la posición en forma de loto.

Durante la unión sexual, si un hombre se da la vuelta y goza de la mujer de nuevo, mientras ella continúa abrazándolo por la espalda, se dice que están en la posición de giro; esta también solo se aprende con la práctica.

Suvarnanabha aconseja practicar distintas posiciones en el agua, ya sea acostados, sentados o de pie, porque allí resultan más fáciles. Pero Vatsyayana considera que estas uniones están prohibidas por la ley religiosa.

Si un hombre y una mujer apoyan sus cuerpos mutuamente cerca de una pared y mantienen relaciones mientras están de pie, esta es una unión sexual apoyada.

Cuando un hombre se apoya contra una pared y la mujer se sienta en sus manos, que están entrelazadas debajo de ella, y ella le pasa los brazos alrededor de su cuello, sus muslos por la cintura, y se mueve tocando la pared con sus pies, esta se denomina una unión sexual suspendida.

Vigor e intensidad sexuales 99

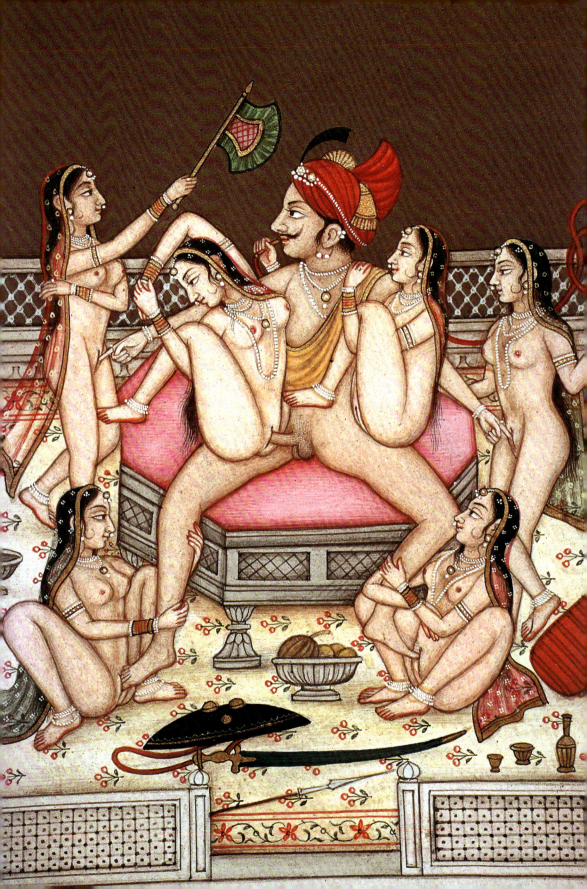

Cuando una mujer se pone sobre sus manos y pies como un cuadrúpedo, y su amante la monta como un toro, esto se denomina la unión sexual de la vaca.

De la misma manera se puede realizar la unión sexual del perro, de la cabra, del gato, de la cierva; el salto del tigre; la presión del elefante; el frotamiento del jabalí, y el asalto del asno o del caballo. En todos estos casos, deben imitarse las características de los diferentes animales.

Cuando un hombre goza de dos mujeres al mismo tiempo, y ambas lo aman por igual, esto se conoce como unión sexual unida.

Cuando un hombre goza de muchas mujeres al mismo tiempo, esto se conoce como la unión sexual del rebaño de vacas.

A imitación de los siguientes animales se puede realizar: la unión de un elefante con muchas elefantas que, según se dice, tiene lugar en el agua; la unión sexual de un rebaño de cabras o de ciervas.

En Gramanari, la región montañosa del norte (*Naga Pahari Desh*) y Strirajya (reino de mujeres), varios jóvenes gozan de una mujer que puede estar casada con uno de ellos, bien sea uno tras otro o al mismo tiempo. Así, mientras uno de ellos la sostiene, otro la goza, un tercero usa su boca, un cuarto sostiene su vientre, y de esta manera gozan de modo alternado de varias de sus partes. Esto también se puede hacer cuando varios hombres se encuentran en compañía de una cortesana, cuando muchas cortesanas se divierten con un hombre, o cuando por azar las mujeres del harén del rey se apoderan de un hombre.

La gente del sur también practica la unión sexual por el ano.

Estos son los diversos tipos de uniones sexuales.

Dos *shlokas* establecen:
Una persona ingeniosa debe multiplicar las clases de uniones sexuales, imitando a los diferentes tipos de animales y pájaros.

Estas diferentes clases de uniones sexuales, realizadas según su prevalencia y práctica, y según el gusto de cada individuo, engendran amor, amistad y respeto en los corazones de las mujeres.

(Izquierda) El apuesto príncipe entra en su harén y disfruta de la unión sexual denominada rebaño de vacas, con sus seis bellezas seleccionadas, a dos de las cuales sostiene sobre sus muslos, mientras que las otras esperan su turno.

Golpes y sonidos espontáneos

प्रहणनसीत्कार प्रकरण

Prahananasitkara Prakarana

Las relaciones sexuales se pueden comparar con un combate, a causa de sus contrariedades. Los sitios especiales para pegar con pasión en el cuerpo son los hombros, la cabeza, entre los pechos, la espalda, el *jaghana* y los costados.

Los golpes pueden ser de cuatro tipos: con el dorso de la mano, con los dedos contraídos para formar una cavidad en la palma, con el puño, con la palma abierta.

Como causan dolor, los golpes provocan *sitkrita* (sonidos silbantes o similares al canturreo en éxtasis), *hinkara* (sonido nasal), *stanita* (ronroneo), *koojita* (arrullo), *rudita* (lloriqueo), *sutkrita* (jadeo), *dutkrita* (gemido) y *futkrita* (sonido de serpiente).

También hay palabras como *Amba*, "oh madre", "oh dios", y las que expresan satisfacción, dolor o alabanza, a las que se pueden agregar sonidos como los de la paloma, del cuco, del loro, de la abeja, del gorrión.

(Izquierda) Los dos hombres disfrutan de acariciar y presionar los senos de sus queridas nayikas *mientras un asistente curioso, obviamente excitado, los mira.*

Modos de pegar

Los puñetazos deben darse sobre la espalda de la mujer, mientras esté sentada en el regazo del hombre; a su vez, ella debe devolverle estos golpes, e increparlo como si estuviera molesta, mientras arrulla y lloriquea. Cuando se encuentre en la unión sexual, la pareja debe acariciar el espacio entre los senos al principio lentamente, y luego cada vez más rápido. En este momento, se pueden hacer alternados o al azar *hinkara* (sonido nasal) y otros similares.

Cuando el hombre pegue a la mujer en la cabeza, con los dedos de la mano contraídos, debe emitir el sonido *prasritaka*. La mujer debe arrullar y, al final de la cópula, suspirar, gemir y lloriquear.

Un grito innovador es el *phatakum*, el cual imita a un bambú que se fractura, mientras que el sonido *phat* es como el que produce algo que cae en el agua. Cada vez que el juego amoroso comienza, la mujer puede responder con un sonido siseante. Durante una gran excitación debe decir palabras que expresen satisfacción, suspirar, gemir y gorgotear. Hacia el clímax, el hombre debe presionar con las palmas abiertas sus senos, *jaghana* y costados, con tal presión como dicte el momento.

Hay dos *shlokas* sobre este tema:
Se dice que las características propias de la virilidad son la aspereza y la impetuosidad; mientras que la debilidad, la ternura, la sensibilidad y una inclinación a alejarse de las cosas desagradables son los signos distintivos de la feminidad.

La mujer muestra una tremenda flexibilidad corporal al pararse sobre su cabeza en una V invertida mientras sostiene los lingams de los dos acompañantes de su maestro.

La excitación de la pasión y ciertas peculiaridades en las costumbres a veces pueden hacer que las personas actúen en contra de su naturaleza, pero esto no ha de durar mucho y, al final, siempre se reanuda el estado natural.

Peculiaridades personales

El uso de las manos para formar una cuña entre el pecho, o un agarre en forma de tijera, o movimientos como de pinza sobre los pechos y los costados, también podría combinarse con los otros cuatro modos de golpear. Pero estos cuatro usos de las manos son inusuales y particulares de la gente del sur.

Se puede ver las marcas que dejan en los cuerpos de sus mujeres. Vatsyayana considera que estas prácticas pueden ser muy dolorosas, bárbaras, viles y no siempre dignas de imitación. Del mismo modo, un vicio personal no debe ser adoptado e, incluso si existe, debe controlarse el exceso.

Algunos *shlokas* sobre esta práctica establecen:
En relación con estas cosas no puede haber enumeración ni ninguna regla definida. Una vez iniciada la unión sexual, solo la pasión engendra todos los actos de los protagonistas.

Todos los actos apasionados, los gestos o movimientos amorosos que surgen en el momento de la unión sexual, no pueden definirse y son tan irregulares como los sueños.

Una vez que ha alcanzado el quinto grado de movimiento, un caballo continúa con velocidad ciega sin importar los hoyos, zanjas y postes que haya en su camino; de la misma manera, una pareja amorosa se vuelve ciega de pasión en el ardor de la unión de los cuerpos y continúa con gran impetuosidad, sin prestar la menor atención a los excesos.

Por esta razón, quien conoce bien la ciencia del amor y conoce su propia fuerza, así como la ternura, la impetuosidad y la fuerza de la mujer, debe actuar en consecuencia.

Las diversas formas de gozar no resultan apropiadas para todos los tiempos ni para todas las personas, y solo deben aplicarse en el momento y en los lugares adecuados.

Asumir el rol del hombre

पुरुषायित प्रकरण

Purushayita Prakarana

uando el deseo de una mujer queda insatisfecho y su amante se encuentra fatigado por la unión sexual, ella debe, con su permiso, acostarlo sobre su espalda y darle placer al asumir el rol del hombre. También puede hacerlo para satisfacer la curiosidad de su amante, o según su propio afán de novedad.

Existen dos formas de hacerlo. La primera sería durante la unión sexual, cuando la mujer se da la vuelta y se pone encima de su amante sin interrumpir el placer. La segunda sería cuando ella asume el rol del hombre desde el principio. Con el pelo suelto y adornado con flores, sonriente y jadeante a la vez, debe apoyar sus senos sobre el pecho de su amante e inclinando la cabeza con frecuencia, actuar como él lo hizo antes, devolver sus golpes e invectivas. Ha de decirle: "Yo estaba boca arriba por ti, y fatigada con el sexo duro; ahora, a cambio, yo te voy a poner boca arriba". Entonces debería mostrarse de nuevo tímida, fingir que está cansada e intentar detener la unión sexual.

(Izquierda) Cuando una muchacha toma el control de la situación y se acuesta encima del hombre y le hace el amor, la acción se conoce como sexualidad invertida.

Complacer a la mujer

Mientras la mujer esté acostada en su cama, absorbida en la conversación, el hombre aflojará su ropa interior, y cuando ella comience a increparle, él deberá abrumarla con sus besos. Luego, cuando su *lingam* esté erecto, la recorrerá con las manos y tocará delicadamente varias partes de su cuerpo. Si la muchacha es tímida y es su primera unión, el hombre deslizará sus manos entre sus muslos, aunque ella probablemente los mantendrá apretados. Si se trata de una joven, primero debe cogerle sus senos, aunque probablemente ella los cubrirá con sus propias manos, y luego le pasará los brazos debajo de las axilas y el cuello. Si, al contrario, se trata de una mujer experimentada, el hombre debe hacer lo que sea agradable y apropiado para ambos. Seguidamente, le sujetará el cabello y le tomará el mentón entre los dedos para besarla. Una joven tímida se dará la vuelta y cerrará los ojos. Pero el hombre debe deducir de las acciones de ella lo que le resulta agradable.

Aquí Suvarnanabha observa que, mientras un hombre está haciendo lo que más le gusta durante la unión sexual, también debe frotar su *lingam* con su *yoni*, con lo que seguramente ella girará los ojos para expresar su placer en silencio. Su pasión se encontrará entonces satisfecha. Esta es la lectura que el hombre hace de las mujeres, ya que por lo general ellas guardan silencio sobre tales asuntos.

El disfrute y la satisfacción de una mujer son evidentes cuando su cuerpo se relaja, cierra los ojos, muestra un mayor deseo de unir los dos órganos tan estrechamente como sea posible. Las señales de que ella

---

En estos naipes redondos de Orissa, llamados ganjifas, *se puede ver a dos jóvenes amantes en medio de sus apasionados juegos previos. (Izquierda) Una variación inusual, pero interesante, para cuando la mujer está encima, donde la* nayika *levanta ambas piernas en el aire. El héroe sostiene sus muslos y los rodea con sus brazos.*

necesita gozar más y de que no se siente satisfecha son las siguientes: ella se sacude, no permite que el hombre se levante, parece abatida, muerde al hombre, lo golpea y continúa agitándose después de que el hombre ha terminado. En tales casos, el hombre debe frotar su *yoni* con la mano y los dedos antes de retomar la unión sexual, hasta que ella se vuelva a humedecer y esté temblando, y luego introducir su *lingam* dentro de ella.

El *lingam* y el *yoni*

Después de introducir su *lingam* en el *yoni*, el hombre debe realizar diferentes actos, algunos de los cuales se describen aquí:

Si los órganos se han unido correcta y directamente, esto se denomina empujar hacia adelante.

Si se sostiene el *lingam* con la mano y se le da vuelta dentro del *yoni*, se denomina batir.

Si el *yoni* se baja y el *lingam* golpea su parte superior, esto se denomina perforar.

Golpear en la parte inferior del *yoni* se conoce como frotar.

Cuando el *yoni* es presionado largo rato por el *lingam*, se le llama presionar.

Cuando se retira el *lingam* a cierta distancia del *yoni*, y seguidamente se entra con fuerza, esto se conoce como dar un golpe.

Si el *lingam* solo frota un lado del *yoni*, se denomina el golpe del jabalí.

Si ambos lados del *yoni* se frotan de la manera anterior, se conoce como el golpe del toro.

Cuando el *lingam* se encuentra dentro del *yoni* y se mueve arriba y abajo muy rápido sin retirarlo, esto se denomina la caza del gorrión, y tiene lugar al final de la unión sexual.

Cuando una mujer desempeña el papel de un hombre, debe realizar, además de los nueve actos anteriormente indicados, los siguientes:

Cuando la mujer conserva el *lingam* dentro de su *yoni* durante mucho tiempo, manteniéndolo presionado, esto se denomina el par de pinzas.

Mientras la mujer se halla en el curso de la unión sexual, si se da la vuelta como una rueda, esto se conoce como el trompo. Este movimiento se aprende solo con la práctica. Si el hombre levanta la

parte media de su cuerpo y la mujer da vueltas en derredor con la suya, esto se denomina el columpio.

Si la mujer se siente cansada debe apoyar su frente sobre la de su amante, sin interrumpir la unión de los órganos; y, después de haber descansado, el hombre dará la vuelta y retomará la unión sexual.

Algunos *shlokas* dicen sobre este aspecto:
Aunque una mujer sea reservada y mantenga sus sentimientos ocultos, cuando se coloca encima del hombre muestra todo su amor y pasión.

De las acciones de la mujer, el hombre debe inferir cuál es su disposición y de qué manera le gusta ser gozada.

No se debe permitir que las mujeres asuman el papel del hombre si se encuentran en su periodo menstrual, si han dado luz recientemente o si están embarazadas.

A veces, al verse arrastrada por la pasión, una mujer deja de lado su temperamento natural y asume el rol del hombre, llegando a abofetearlo y golpearlo, o bien jugando a pelear con él. Ella, en lo máximo de la excitación, se vuelve dura y osada, y domina al varón, quien solo responde con quejas y gemidos. (Siguiente página)

Aquellos muchachos de apariencia femenina se reconocen por su vestimenta, forma de hablar, reír y comportarse, así como por su dulzura y modestia. Se arreglan el cabello a la manera de las mujeres e imitan su forma de hablar. Se ganan la vida realizando el acto sexual que tiene lugar entre los muslos y en la boca.

Asumir el rol del hombre

Sexo oral

औपरिष्टक प्रकरण

Auparishtaka Prakarana

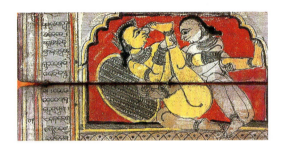

xisten dos tipos de *tritia-prakriti* (tercer sexo): los que actúan como hombres y los que se disfrazan de mujeres; es decir, hombres que son femeninos, por algún capricho de la naturaleza, y exhiben esas características en su vestido, su forma de hablar y gestos, aparte de ser tiernos, tímidos, dulces y reservados.

Los actos que se realizan sobre el *jaghana* de las mujeres se pueden efectuar en la boca de estos hombres: esto se llama *auparishtaka* (sexo oral). Estas personas hallan en este tipo de sexo un placer imaginario y muchas veces su sustento, ya que suelen llevar vida de masajistas.

El tercer sexo

Muchos hombres que mantienen sus deseos en secreto, cuando quieren satisfacerlos eligen la vida de masajistas. Con este pretexto, un hombre con tal inclinación abraza y atrae hacia sí los muslos del hombre que está masajeando, y después toca sus articulaciones, sus muslos, *jaghana*

(Izquierda) Esta es una variación muy encorvada de kakila *(el cuervo), donde los amantes se acuestan en una posición invertida y, mientras tienen sexo oral, cuentan con una vista clara y estimulante de los órganos y partes posteriores del otro.*

y órganos sexuales. Entonces, si encuentra el *lingam* de su cliente erecto, lo presionará con las manos y lo frotará para mantenerlo en ese estado. Si, después de esto y conociendo sus intenciones, a pesar de que el cliente no lo anime a seguir, el masajista lo hace por su cuenta y comienza el sexo oral. En cambio, si el cliente es el que le ordena hacerlo, primero ha de discutir con él, y solo después de alguna persuasión puede consentirlo.

Las siguientes ocho acciones se han de realizar una después de otra sobre el *lingam*: *nimitam* (toque superficial con los labios), *parshwatodashtam* (mordisqueo de los lados), *bahihsandamsha* (presión exterior), *antahsandamsha* (presión interior), *chumbitakam* (besos), *parimrishtakam* (lamidas), *amrachushitakam* ("chupar un mango") y *sangara* (tragar).

Una vez terminada cada una de estas acciones, el compañero pasivo se detendrá, para encender el deseo del otro de tener más excitación y así responder a sus súplicas debido a la pasión que lo embarga.

A continuación, se describen las diversas técnicas que se pueden realizar sobre el *lingam*:

Sosteniendo el *lingam* del hombre con su mano, lo pondrá entre sus labios y lo rozará con la boca.

Cubriendo el extremo del *lingam* con los dedos juntos, presionará los lados con los labios y utilizará también los dientes.

Si el hombre le pide al masajista que proceda, este presionará el extremo del *lingam* con los labios cerrados y lo besará como si lo estirara.

Cuando se le pida que continúe, entonces introducirá aún más el *lingam* en su boca, presionándolo con sus labios, y luego lo sacará.

Tomando el *lingam* con la mano, lo acariciará, jugará con él y lo besará como si fuera el labio inferior.

Después de besarlo, lo acariciará por todas partes con la lengua y, de modo especial, en su punta.

Cuando se meta la mitad del *lingam* en la boca, lo besará y lo chupará.

Y, finalmente, cuando, con el consentimiento del cliente, se meta todo el *lingam* en la boca, lo presionará lo más que pueda hasta el final, como si fuera a tragárselo.

(Derecha) Cuando un hombre disfruta de muchas mujeres al mismo tiempo, todas ellas se gustan y comparten las mismas inclinaciones, la acción se conoce como la unión sexual del rebaño de vacas. Este tipo de juego sexual en grupo entra dentro de las prácticas especiales.

Durante este tipo de sexo oral también puede ser practicado el pegar, arañar y demás.

El *auparishtaka* también lo practican *kulata* (mujeres disolutas) y *svairini* (mujeres libertinas), criadas, doncellas, y mujeres solteras que se ganan la vida como masajistas.

¿Qué hay del sexo oral?

Los *acharyas*, autores antiguos y venerables, sentían que el *auparishtaka* no debía practicarse, porque se oponía a los mandamientos de la Sagrada Escritura y el hombre sufría al poner su *lingam* en contacto con las bocas de los jóvenes del tercer sexo y las mujeres. Pero Vatsyayana sostiene que la Sagrada Escritura no afecta a aquellos que frecuentan a prostitutas, tanto hombres como mujeres; la ley solo prohíbe la práctica del *auparishtaka* con las mujeres casadas. Además, las lesiones que pueda producir al hombre resultan fáciles de remediar.

Añade que en todo lo relacionado con el amor, una persona debe actuar de acuerdo con la costumbre y la inclinación. También reconoce una diferencia de opinión entre hombres conocedores sobre este tema y admite una interpretación alternativa de los textos.

Algunos *shlokas* sobre esta práctica establecen:
Los criados varones de ciertos hombres practican el sexo oral con sus amos. También suelen practicarlo amigos muy cercanos entre sí.

Cuando algunas mujeres de la estancia interior están enamoradas, se complacen con el sexo oral en los yonis *de cada una, y algunos hombres hacen lo mismo con las mujeres. La manera de besar el* yoni *puede ser similar a la de besar la boca.*

Cuando una mujer tiene sexo oral con un hombre se describe como sadharana *(ordinaria); cuando lo hace con su doncella se llama* asadharana *(extraordinaria).*

Jóvenes masajistas, que suelen llevar adornos en las orejas, permiten que sus amigos y ciertos hombres participen con ellos en el sexo oral.

A veces, los jóvenes actores o los hombres sofisticados permiten que hombres mayores o de poco impulso sexual tengan sexo oral con ellos.

Esta práctica también la frecuentan jóvenes que se conocen muy bien. Algunas veces los hombres afeminados gozan del sexo oral entre ellos de manera simultánea, acostándose uno al lado del otro, y ubicándose en posición invertida.

Cuando un hombre y una mujer se acuestan en sentido opuesto, es decir, con la cabeza de uno hacia los pies del otro, y se entregan al sexo oral, se le denomina *kakila*; y este término también se aplica al sexo oral entre dos hombres o dos mujeres.

Al respecto de esta forma poco común de goce, los *shlokas* establecen:
Debido a tales cosas, las cortesanas abandonan a los hombres que poseen buenas cualidades, que son liberales e inteligentes, para ligarse con personas de baja condición, como esclavos y conductores de elefantes. El auparishtaka no debe practicarlo un brahmán erudito, un ministro que esté encargado de asuntos de estado, o un hombre de buena reputación, ya que, aunque está permitido por los Shastras, no hay razón para practicarlo, salvo en casos muy particulares.

Esta variación del kakila *requiere una gran flexibilidad por parte de la mujer, ya que su amante le extenderá sus piernas en un intento de llegar más profundo.*

Hay algunos hombres, lugares y momentos en los que se puede recurrir a estas prácticas. Por lo tanto, un hombre debe tener en cuenta el lugar, el momento y la actividad que va a llevar a cabo, así como si es conveniente para su naturaleza y para sí mismo; por lo que debe decidir si disfrutarla o abstenerse.

Algunas doncellas solitarias y amorosas se complacen con el sexo oral entre ellas. En este caso, una amante experimentada puede estimular hábilmente los yoni de las otras con ayuda de un consolador bien lubricado. (Izquierda) El hombre abre aún más la pierna ya estirada de su dama y la sostiene para permitirle un paso despejado y una penetración más profunda. Esto se describe como el empuje del jabalí salvaje, donde solo se frota un lado del yoni con el lingam.

Sexo oral 121

Comienzo y fin de la unión sexual

रतारम्भावसानिक प्रकरण

Ratarambhavasanika Prakarana

En la habitación de placer, decorada con flores y fragante de perfumes, en compañía de sus amigos y criados, el hombre debe recibir a la mujer, quien vendrá después de haberse bañado y vestido.

Juego amoroso

Luego de invitar a la mujer a tomar un refresco y beber con libertad, el hombre la hará sentarse a su izquierda. La tomará por el cabello y tocará la punta de su vestido, y la abrazará delicadamente con el brazo derecho. Pueden conversar un poco sobre varios temas, incluso aquellos que en sociedad se consideran groseros o mal vistos. Pueden disfrutar cantando, gesticulando, tocando instrumentos musicales, hablando sobre artes, y también se excitarán el uno al otro gracias a la bebida.

Por fin, cuando la mujer ya no pueda retener más su amor y su deseo, el hombre debe despedir a sus amigos, a los cuales les entregará flores, perfumes y hojas de betel. Tal es el comienzo del juego amoroso.

(Izquierda) Esta pintura en miniatura es parte de una serie que instruye en el arte erótico (principios del siglo XIX, Sirohi, Rajastán).

Después de la unión sexual

Después de gozar el uno del otro, los amantes deben, modestamente, sin mirarse, ir por separado al lavabo. Luego, se sentarán en sus lugares, masticarán hojas de betel, y el hombre aplicará con sus propias manos pasta de sándalo puro u otro ungüento sobre el cuerpo de la mujer. La abrazará con cariño y, con palabras amables, la animará a beber de una copa que tiene en la mano. Pueden comer dulces; beber sopa y jugo fresco, incluso de mango; comer carne, jugo de limón con azúcar, o cualquier otra cosa que sea dulce, suave y pura.

También pueden sentarse en la terraza del palacio y disfrutar de la luz de la luna, mientras mantienen una conversación animada. Durante este momento, mientras la mujer yace en su regazo con el rostro vuelto hacia la luna, el amante debe enseñarle los diferentes planetas, la estrella de la mañana, la estrella polar y *Saptarishis* (la Osa Mayor).

Las sesenta y cuatro artes

Cuando un hombre y una mujer que se aman desde hace algún tiempo logran reunirse tras grandes dificultades, o cuando uno de ellos regresa de un viaje, o se reconcilian después de una pelea, se entregan a la unión sexual amorosa según su gusto y por el tiempo que les plazca.

Cuando dos personas se reúnen, aunque su amor esté todavía en su infancia, esto se conoce como la unión sexual del amor inducido.

Cuando un hombre lleva a cabo la unión sexual al excitar a su amada a través de las sesenta y cuatro artes, incluyendo besos y abrazos; o cuando un hombre y una mujer se unen, aunque en realidad amen a otra persona, esto se llama amor temporal. En este caso se pueden emplear todos los métodos indicados en el *Kama Shastra*.

(Derecha) Al regresar del campo de batalla, el héroe guerrero encuentra una gran recepción por parte de su amante.

Si, en medio de una unión sexual, un hombre imagina que está gozando de otra mujer a la que realmente ama, esto se denomina **amor transferido**.

La unión sexual entre un hombre y una portadora de agua, o una criada de casta inferior, que dure solo hasta que se satisfaga el deseo físico, se asemeja al **amor impotente**. En este caso, han de mantenerse al mínimo las caricias, los besos y otras manipulaciones.

El sexo entre una cortesana y un campesino, o entre un *nagarika* y una mujer de un pueblo o de un país lejano, se denomina **unión sexual engañosa**.

La unión sexual entre dos personas que se sienten atraídas entre sí, y que se efectúa de acuerdo con su propio gusto, se denomina **unión sexual espontánea**, y es muy deliciosa.

Una mujer que ame apasionadamente a un hombre no puede tolerar que se mencione el nombre de su rival en su presencia, ni que se sostenga cualquier conversación sobre ella, o que se cite su nombre por error. Si esto llega a suceder, surgirá una gran disputa; la mujer llora, se enoja, sacude su cabello, golpea a su amante, se deja caer de la cama o del asiento, arroja sus guirnaldas y adornos, y se desploma en el suelo.

El amante debe apaciguarla con palabras conciliadoras, recogerla delicadamente y ponerla en la cama. Sin responder a sus preguntas, y con mayor ira, ella bajará la cabeza de su amante tirando de su cabello, y después de haberle pegado varias veces en los brazos, la cabeza, el pecho o la espalda, deberá salir corriendo de la habitación.

Dattaka agrega que debería sentarse con aire de molestia detrás de la puerta y echarse a llorar. Al cabo de un rato, cuando ella juzgue que las palabras conciliadoras y las acciones de su amante sean satisfactorias, debe abrazarlo, al tiempo que le reprocha con palabras amargas y le muestra un fuerte deseo de unirse a él.

Comienzo y fin de la unión sexual

Cuando la mujer se encuentra en su propia casa y ha discutido con su amante, debe mostrarle lo enfadada que está y luego dejarlo. Solo más tarde, cuando el hombre de ciudad envíe el *vita*, *vidushaka* o *pithamarda* para apaciguarla, los acompañará a su casa y pasará la noche con su amante.

Algunos *shlokas* proponen:
Un hombre que emplee las sesenta y cuatro artes indicadas por Babhravya alcanzará su objetivo y gozará de la unión sexual con mujeres de primera calidad. Aunque conozca a fondo sobre otros temas, si ignora las sesenta y cuatro divisiones, no se le rendirá gran respeto.

Un hombre que carezca de otros conocimientos, pero esté bien al corriente de las sesenta y cuatro artes, se convierte en un nayaka, *un líder, en cualquier sociedad de hombres y mujeres. ¿Qué hombre se atrevería a no respetar las sesenta y cuatro artes, teniendo en cuenta que estas merecen el respeto de intelectuales, de los hombres más sagaces y de las cortesanas? Dado que las sesenta y cuatro artes exigen respeto, por el encanto que poseen y por los méritos que añaden al talento de las mujeres, los* acharyas *las consideran como muy queridas por las mujeres. Un hombre experto en las sesenta y cuatro artes será estimado por su propia esposa, por las esposas de los otros y por las cortesanas.*

Una mujer que está muy enamorada no puede soportar oír el nombre de su rival. Si esto sucede surge una pelea. Ella se enoja, llora, se sacude el cabello, patea y golpea a su amante. (Izquierda) Sentada, la pareja hace el amor ardientemente. La mujer suspira de satisfacción y se recuesta en un grueso cojín mientras su héroe la hace gemir de placer.

Comienzo y fin de la unión sexual 127

Cortejo y matrimonio

Compromiso y matrimonio

Infundir confianza en la novia

Cortejar a una doncella

Comportamiento de la pareja

Tipos de matrimonio

Libro 3

Compromiso y matrimonio

वरणसंविधान प्रकरण

Varanasamvidhana Prakarana

Cuando una muchacha virgen y de la misma casta se casa de acuerdo con la Sagrada Escritura, los resultados de tal unión son: la obtención de *dharma* y *artha*, la descendencia, la afinidad, el incremento del número de amigos y un amor sin mancha. Un hombre debe, por lo tanto, fijarse en una muchacha de una familia muy respetable, cuyos padres estén vivos y que sea al menos tres años menor que él. Ella debe ser rica, de buena posición, con muchos parientes y amigos. También tiene que ser hermosa; de buen carácter; con signos de buen augurio en el cuerpo; y con buenos cabellos, uñas, dientes, orejas, ojos y senos, y con un cuerpo que goce de buena salud. Por supuesto, el hombre también debe poseer estas cualidades. En todo caso, dice Ghotakamukha, resulta reprobable cortejar a una muchacha que ya se ha unido a otros.

Arreglar un matrimonio

Para arreglar un matrimonio con una *kanya* (doncella virgen), tanto los padres, los parientes y los amigos comunes del novio deben poner todo el empeño. Los amigos deben señalar a los padres de la muchacha los

(Izquierda) Vestida con todas sus galas, la diosa Parvati se sienta en el regazo de su esposo Shiva mientras este la abraza y juega con su pezón izquierdo.

defectos, presentes y futuros, de los otros hombres que deseen casarse con ella, y exaltar, hasta la exageración, las buenas cualidades de su amigo, de forma que resulte apreciable; esto, en particular, debe hacerse respecto de los pretendientes que pudieran ser del agrado de la madre de la muchacha. Uno de los amigos puede disfrazarse de astrólogo y pronosticar la buena fortuna futura y la riqueza de su amigo, destacando que cuenta con todos los presagios de buena suerte, buena influencia de los planetas, la entrada auspiciosa del sol en algún signo del Zodíaco, estrellas propicias y marcas de buen augurio en el cuerpo.

Otros podrían poner celosa a la madre de la muchacha, diciéndole que su amigo tiene posibilidades de conseguir una mujer mejor que su hija.

Se debería tomar como esposa, o dar en matrimonio, a una muchacha cuando sean favorables la fortuna, los augurios y las recomendaciones de los demás, porque según el sabio Ghotakamukha un hombre no debe casarse solo cuando le parezca oportuno. Tampoco debe casarse con una muchacha que está dormida, o llorando, o se encuentre fuera de la casa cuando se la va a solicitar en matrimonio; tampoco si está prometida a otro.

Se debe evitar los siguientes tipos de muchacha: una con un nombre que suena mal; que se mantenga escondida en la casa debido a defectos

---

Por su naturaleza tierna, las mujeres desean comienzos suaves. Si un desconocido las aborda a la fuerza, pueden llegar a tener miedo de una relación sexual. Así que un hombre primero debe inspirarle confianza. Solo cuando ella haya al fin superado su timidez, él podrá comenzar a gozarla de tal manera que la deleite.
(Derecha) La solitaria nayika toca la vina y atrae a un par de cervatillos.

corporales; que esté comprometida con otro; que tenga manchas blancas en el cuerpo; que sea varonil y de talla grande; que tenga hombros caídos o joroba; que tenga los muslos torcidos, las caderas anormalmente expansivas o que se le caiga el pelo; que se encuentre de luto; que haya sido gozada por otro; una desvergonzada; una muda; una *mitra*, es decir, que se la considere una amiga; una *svanuja*, considerada como una hermana menor; ni una *varshakari* (una persona que siempre tiene sudorosas las manos y los pies).

Del mismo modo, se considera que no vale la pena una muchacha que lleve el nombre de un árbol, o de un río, o de una de las veintisiete estrellas, o cuyo nombre termine con las letras R o I. Para algunos, la prosperidad solo es posible cuando uno logra casarse con esa muchacha a la que ama.

Cuando una muchacha llega a la edad de contraer matrimonio, todas las tardes, después de haberla vestido y adornado convenientemente, sus padres deben enviarla con sus amigas a actividades deportivas, sacrificios y ceremonias de matrimonio, con el objetivo de mostrarla a la sociedad. También deben dar la bienvenida, con palabras amables y muestras de amistad, a aquellos que vienen con sus amigos y parientes con el propósito de casarse con su hija. En estas ocasiones también vestirán de manera adecuada a su hija, y la presentarán.

Hecho esto, deben encontrar un día propicio en el que se pueda tomar una decisión sobre el matrimonio. Cuando el futuro novio y su familia lleguen, deben invitarlos a bañarse y a cenar, y dejarán el asunto para más tarde.

Cuando un hombre ha conseguido una muchacha según la costumbre de su región, o siguiendo su propio deseo, debe casarse con ella de acuerdo con la Sagrada Escritura, y dentro de una de las cuatro clases de matrimonio.

Algunos *shlokas* dicen sobre esto:
Las interacciones en sociedad, tales como completar los versos iniciados por otros, los matrimonios y las ceremonias auspiciosas, no deben tener lugar ni con personas superiores, ni con inferiores, sino con nuestros iguales. Un hombre busca una alianza elevada cuando, después de casarse con una muchacha, se ve obligado a servirle a ella y a sus parientes como un criado y, de hecho, tal alianza es censurada por la gente noble. Por otra parte, cuando un hombre, junto con sus parientes, trata a su esposa como una criada, resulta una situación reprochable y los sabios la ven como una alianza baja. Pero cuando el hombre y la mujer se gustan mutuamente y cuando los parientes de ambos lados se respetan, esta sí es una verdadera alianza en el sentido correcto de la palabra. Por lo tanto, un hombre no debe contraer ni una alianza alta, por la cual esté obligado a rebajarse después, ni una alianza baja, que sea reprendida por todo el mundo.

Krishna aprovecha la oportunidad para jugar con los senos de Radha mientras esta intenta alejarse. (Páginas 136–137) A Shiva y a Parvati, también conocida como Meenakshi (diosa de ojos de pez), se les concede el prajapatya, la forma más alta de matrimonio. Se celebra en el gran templo de Meenakshi Amman, en un festival celebrado cada año en su honor.

Infundir confianza en la novia

कन्याविस्रंभण प्रकरण

Kanyavistrambhana Prakarana

urante los tres primeros días después del matrimonio, la muchacha y su marido deben dormir en el suelo, abstenerse de placeres sexuales y comer alimentos sin condimentar con álcali o sal. Durante los siete días siguientes tomarán el baño al son de instrumentos musicales auspiciosos, se adornarán, cenarán juntos y deberán atender a parientes y otros invitados que hayan venido a presenciar su matrimonio. Esto aplica a las personas de todas las castas.

Tiernos comienzos

En la décima noche, el hombre debe comenzar el dulce juego del amor con palabras delicadas, de forma que le inspire confianza a la muchacha. Algunos dicen que, para conquistarla, el hombre no debe hablarle durante tres días, pero los discípulos de Babhravya observan que la muchacha puede desalentarse al verlo sin espíritu, como un pilar; puede sentirse desilusionada y comenzar a despreciarlo. Vatsyayana, sin embargo, sostiene que, aunque el hombre debe

comenzar a inspirarle confianza hasta ganársela, al principio debe abstenerse de los placeres sexuales.

Al ser tiernas por naturaleza, las mujeres desean que se comience con dulzura y, si un hombre al que apenas están conociendo se le acerca a la fuerza, pueden llegar a tener miedo de una relación sexual, e incluso podrían convertirse en enemigas de los hombres. En consecuencia, el hombre debe acercarse a la muchacha de acuerdo con los gustos de ella, y emplear los procedimientos por los que pueda inspirarle cada vez más confianza.

La primera vez debe abrazarla con la parte superior del cuerpo, ya que es la forma más fácil y sencilla. Si la muchacha ya tiene cierta edad, o si el hombre la conoce desde hace algún tiempo, puede abrazarla a la luz de una lámpara, pero si no la conoce bien, o si es muy joven, debe abrazarla en la oscuridad.

Si la muchacha acepta el abrazo, el hombre pondrá en su boca una *tambula*, un trozo de nuez de betel y hojas de la misma especie, y si ella no lo toma, debe persuadirla con palabras conciliadoras, súplicas y juramentos, hasta llegar a arrodillarse a sus pies, ya que es una regla universal que, por más tímida o enojada que esté una mujer, nunca hace caso omiso de un hombre arrodillado ante ella. Él debe entonces, en ese momento, darle la *tambula* y besar su boca con dulzura y gracia. Cuando al fin la ha conquistado, el hombre debe preguntarle acerca de las cosas que ella sepa, o pretenda ignorar, y que pueda contestar en pocas palabras. Si ella no le responde, le repetirá las mismas preguntas de manera conciliatoria. Si ella todavía no habla, la urgirá a responder porque, como observa Ghotakamukha, "las muchachas escuchan todo lo que les dicen los hombres, pero a menudo ellas no pueden decir una sola palabra".

(Izquierda) Cuando un muchacho comienza a cortejar a la muchacha que ama, debe pasar tiempo con ella, entretenerla con regalos y juegos que sean apropiados para su carácter.

Cuando es importunada de este modo, la muchacha responderá sacudiendo la cabeza, pero si el hombre le ha reñido, ella ni siquiera debe hacer esto. Cuando el hombre le pregunte si lo desea y si gusta de él, ella guardará silencio durante largo rato y, cuando por fin se sienta urgida a responder, lo hará favorablemente, pero con una señal de la cabeza. Si el hombre no conoce tanto a la muchacha, conversará con ella a través de una amiga que, confiando en ambos, pueda mantener la conversación entre los dos novios. En tal ocasión, la joven sonreirá con la cabeza baja, y si la amiga dice más de lo que ella desea oír, puede reprenderla. La amiga debe comentar en son de broma incluso lo que la muchacha no le ha pedido que diga, y añadir: "Ella dice esto", a lo cual la muchacha responderá indistinta y bellamente: "¡Oh, no! Yo no dije eso", y luego sonreirá y lanzará una mirada furtiva al hombre.

Conquistar a la novia

Si la muchacha ya conoce al hombre, debe colocar cerca de él, en silencio, la *tambula*, el ungüento o la guirnalda que él pueda haberle

pedido, o bien atar esos objetos a su vestido. Mientras ella se ocupa de esto, el hombre le tocará sus jóvenes senos y los presionará con las uñas y, si ella busca impedírselo, le contestará: "No lo haré más si me

abrazas", y de esta manera logrará que ella lo abrace. Mientras lo abraza, le pasará las manos por todo su cuerpo, luego la sentará en su regazo y tratará de conseguir su consentimiento. Si ella no cede, él le dirá para asustarla: "Voy a dejar las marcas de mis dientes y uñas en tus labios y senos, y luego haré marcas parecidas en mi propio cuerpo, y le diré a mis amigos que fuiste tú quien me las dejó. ¿Qué vas a hacer entonces?". De esta manera o parecida, así como se va estableciendo la confianza y la certeza en las mentes de los niños, el hombre también debe ganarse a la mujer para sus deseos.

Cuando haya aumentado aún más su confianza, el hombre deberá tocar todo su cuerpo con sus manos y besarla por todas partes; si presiona sus muslos con sus manos y ella no lo desalienta, debe masajear las junturas de sus muslos. Si ella trata de impedírselo, le preguntará: "¿Qué mal hay en hacer esto?", y la persuadirá de que lo deje continuar. Después, le tocará sus partes íntimas, desabrochará su cinturón y el nudo de su vestido y, levantando la prenda inferior, le acariciará las junturas de sus muslos desnudos. De hecho, debe hacerle todas estas cosas con diferentes pretextos, pero no comenzará todavía la unión sexual propiamente dicha. Solo entonces debería enseñarle las sesenta y cuatro artes, decirle cuánto la ama y describirle las ilusiones que con tanto fervor alberga acerca de ella. También debe prometerle fidelidad y disipar todos sus temores acerca de las otras mujeres.

> *Una muchacha poseída a la fuerza por un hombre que no entiende la psique femenina se pone nerviosa y desanimada, y comienza a temer al hombre. Después, como su amor no ha sido comprendido ni correspondido, se hunde en el desaliento, y comienza a odiar a todos los hombres o a odiar a su propio marido, y recurre a otros hombres para tener relaciones.*

(Izquierda) En este panel de madera se puede ver a los amantes en varias poses eróticas. En su época, objetos de este tipo estaban muy de moda y a menudo los jóvenes se los mostraban a las novias para despertar su deseo sexual.

Finalmente, cuando ella haya superado su timidez, él comenzará a gozar de la muchacha de tal manera que ella disfrute.

Algunos *shlokas* afirman:

Un hombre que actúe conforme a las inclinaciones de una muchacha debe tratar de conquistarla de tal modo que ella pueda amarlo y otorgarle su confianza. Esto no se consigue si el hombre sigue ciegamente la inclinación de la muchacha, o si se le opone totalmente; por lo tanto, debe adoptar un término intermedio. El que sepa hacerse amar por las mujeres, cuidar de su honor e inspirarles confianza, merecerá todo su amor. Pero el que descuida a una muchacha porque la encuentra demasiado tímida, será despreciado por ella, quien lo considerará una bestia que no sabe nada de la mente femenina. Por otra parte, una muchacha poseída a la fuerza por un hombre que no entiende la psique femenina se pone nerviosa, se inquieta, se siente desanimada, y comienza a temer al hombre que se ha aprovechado de ella. Después, como su amor no ha sido comprendido ni correspondido, se hunde en el desaliento, comienza a odiar a todos los hombres o a odiar a su propio marido, y recurre a otros hombres para tener relaciones.

De pie en la puerta, las doncellas esperan ser las primeras en anunciar la llegada del apuesto héroe al que su ama anhela. (Derecha) Bajo una enramada de mango, la nayika se curva de manera seductora; una vista que resulta atractiva para cualquier amante joven.

Cortejar a una doncella

बालोपक्रमण प्रकरण

Balopakramana Prakarana

i un hombre es pobre, pero posee buenas cualidades; si nació en una familia de baja condición y de mediocres cualidades; si es un vecino rico o vive bajo el control de su padre, madre o hermanos, este no debe casarse con una muchacha si antes no se ha esforzado por ganar su amor y respeto desde la infancia. Un joven separado de sus padres y que viva en la casa de su tío materno debe tratar de conquistar a su prima, o alguna otra muchacha, a pesar de que esta ya haya sido prometida a otro hombre. Esta forma de conquistar a una muchacha, dice Ghotakamukha, no es insólita, porque de esta manera se puede obtener *dharma*, al igual que con cualquier otra clase de matrimonio.

El juego del cortejo

Cuando un muchacho comienza a cortejar a la muchacha que ama, debe pasar tiempo con ella, divertirla con pasatiempos adecuados para su edad y condición, tales como recoger y reunir flores, tejer guirnaldas con ellas, hacer juegos de roles como

miembros de una familia ficticia, cocinar, jugar a los dados, a las cartas, a pares y nones, a encontrar el dedo medio, las seis piedras y otras diversiones que pueden ser de costumbre en la región y que agraden a la muchacha. También puede sugerirle juegos divertidos en los que participen otras personas, como el escondite, jugar con semillas, esconder objetos en pequeños montones de trigo y buscarlos, a la gallina ciega, y distintos ejercicios de gimnasia y otros juegos que se puede compartir con sus amigas y criadas. El hombre también debe mostrarse muy amable con cualquier mujer a la que la muchacha juzgue de confianza. Por encima de todo, con amabilidad y pequeños favores, debe hacerse amigo de la hija de la nodriza de la muchacha, porque si puede ganársela, ella no pondrá obstáculo a pesar de que adivine sus intenciones. Incluso, a veces puede facilitar la unión entre él y la muchacha. Y aunque ella puede ser consciente de sus debilidades, siempre ensalzará sus buenas cualidades ante los padres y parientes de la muchacha, sin necesidad de que se lo pida.

Ofrecerle regalos

De esta manera, el hombre debe hacer lo que más le agrade a la muchacha y procurar cuantas cosas ella desee, incluyendo juguetes que las otras muchachas desconozcan. También podría conseguirle una bola teñida con varios colores, y otras curiosidades de este tipo; muñecas de trapo, de madera, de cuerno de búfalo, de marfil, de cera, de harina o tierra; utensilios para cocinar; figuras de madera, tales como las de un hombre y una mujer de pie, un par de carneros, cabras, u ovejas; igualmente, templos de tierra, de bambú o madera, consagrados a diversas diosas; jaulas para loros, cucos, estorninos, codornices, gallos y perdices; vasijas de agua de diversas y elegantes formas, máquinas de lanzar agua; liras; soportes para mostrar imágenes, taburetes; laca; arsénico rojo, ungüento amarillo, bermellón y colirio, así como sándalo, azafrán, nueces y hojas de betel. Estas cosas se las entregará en diferentes ocasiones cada vez que la vea: algunas veces en privado, otras

(Izquierda) Los baños en ríos, los festivales, las celebraciones y las reuniones sociales brindan suficientes oportunidades para que las adolescentes busquen amantes guapos.

en público, según las circunstancias. En resumen, el hombre debe hacer todo lo posible para que ella lo vea como alguien dispuesto a realizar cualquier cosa que desee.

En una siguiente etapa, el hombre debe conseguir que ella le conceda una cita en privado, y entonces le explicará que la razón para hacerle regalos en secreto es el temor de disgustar a sus padres. Puede añadir que otras muchachas habían deseado mucho estos regalos. Cuando el amor de la muchacha muestre signos de aumento, le contará historias agradables si esto es lo que le interesa. Si ella disfruta de juegos de manos, él la sorprenderá con algunos trucos de malabarismo; si ella tiene curiosidad por ver una representación de algún arte, él le mostrará sus propias habilidades; y si le gusta cantar, la entretendrá con música. Cada vez que asistan a ferias y festivales a la luz de la luna, o cuando ella regrese a su casa después de una ausencia, él le ofrecerá ramos de flores, coronas, zarcillos y anillos.

También debe enseñar a la hija de la nodriza de la muchacha los sesenta y cuatro medios de placer que practican los hombres, y con este pretexto le dará a conocer su gran habilidad en el arte del disfrute sexual. Siempre debe vestirse bien y verse bien, ya que a las mujeres jóvenes les encanta eso en sus hombres.

Tampoco es correcto decir que, aun cuando las mujeres están ya enamoradas, no hacen ningún esfuerzo para conquistar los afectos de un hombre.

La atractiva nayika *examina su magnetismo mientras se prepara para una cita con su amante. (Izquierda) Las doncellas acompañan y conducen a la tímida novia virgen a la cámara de su marido en la noche nupcial.*

Responder con amor

Cuando su amante está cerca, una muchacha siempre muestra su amor con ciertos signos y actos. Ella nunca lo mira cara a cara, se sonroja cuando la observa; le enseña sus miembros con un pretexto u otro; le contempla en secreto incluso cuando ya no está cerca; baja la cabeza cuando él le hace una pregunta, responde confundida y con frases entrecortadas; se deleita al pasar largo rato en su compañía; le habla a sus sirvientas en un tono peculiar, con la esperanza de atraer su atención; no desea abandonar el lugar donde él está; con cualquier pretexto le hace ver diferentes cosas; le cuenta historias muy lentamente, para prolongar la conversación con él durante mucho tiempo; besa y abraza a un niño sentado en su regazo cuando está frente a él; dibuja marcas ornamentales en la frente de sus criadas; se mueve con destreza y elegancia cuando sus acompañantes le hablan en son de broma, en presencia de su amante; confía en los amigos de su amante y les da muestra de respeto y obediencia; es buena con los criados de él, habla con ellos, hasta les asigna tareas como si ya fuera su señora, y los escucha con atención cuando relatan historias sobre su amante a otra persona; entra a la casa de él cuando la hija de su nodriza la lleva, y con su ayuda conversa y juega con él; evita que su amante la vea cuando no va bien vestida y adornada; le envía adornos para sus orejas, un anillo o una guirnalda de flores que él puede haberle pedido a través de su amiga; siempre lleva puesto todo lo que le ha regalado; se desanima cuando sus padres hablan de otros pretendientes, y se niega a relacionarse con cualquier persona de su grupo o con cualquiera que apoye esa propuesta.

Algunos *shlokas* afirman:
Cuando un hombre ha visto y comprendido los sentimientos que una muchacha guarda hacia él, y además ha notado los signos y los gestos externos por los que se reconocen estos sentimientos, debe hacer todo lo posible para unirse con ella. Debe conquistar a una joven mediante juegos infantiles, a una muchacha de más edad por su habilidad en las artes, y a una muchacha que lo ama recurriendo a personas en las que ella confíe.

(Izquierda) Durante los primeros días de matrimonio, la pareja debe abstenerse de los placeres sexuales. Poco a poco el hombre debe comenzar el juego amoroso, y solo cuando la novia esté totalmente relajada y no tema, él iniciará el acto en verdad.

Comportamiento de la pareja

एकपुरुषाभियोग प्रकरण

Ekapurushabhiyoga Prakarana

Cuando una muchacha comienza a manifestar su amor a través de signos y otros ademanes, el amante debe tratar de conquistarla totalmente por diferentes medios.

Fortalecer el afecto

Cuando se involucre con ella en cualquier juego, la tomará intencionalmente de la mano. Empleará con ella diversas clases de abrazos, como el de contacto, el de frotamiento y el de presión. También puede mostrarle un par de figuras humanas que hayan sido recortadas de la hoja de un árbol y otros objetos similares. Si participan en deportes acuáticos, y él se encuentra a cierta distancia de ella, debe bucear hasta acercársele.

Debe explicarle los tormentos que sufre a causa de ella y los hermosos sueños que ha tenido con otras mujeres. En las fiestas y asambleas de su casta, debería sentarse cerca de ella y tocarla con un pretexto u otro, y una vez haya puesto su pie sobre el de ella, tocará lentamente cada uno de sus dedos y presionará las puntas de sus uñas.

Si lo consigue, le sostendrá el pie con la mano y hará lo mismo. También presionará con un dedo de su mano entre los dedos de los pies de ella cuando los esté lavando; y cada vez que le haga un regalo o lo reciba de ella, su actitud y sus miradas deben mostrarle lo mucho que la ama.

Convencerla

Él debe derramar sobre ella el agua que le hayan servido para enjuagar su boca; y si se encuentra con ella en un lugar apartado, o en la oscuridad, debe hacerle el amor y compartirle sus sentimientos sin afligirla de ninguna manera.

Cada vez que se siente con ella en un mismo asiento o lecho, él le dirá: "Tengo algo que decirte en privado" y entonces, cuando ella vaya con él a un lugar tranquilo, le confesará su amor, con gestos y signos más que palabras. Cuando conozca sus sentimientos con respecto a él, fingirá estar enfermo, y la hará venir a su casa para hablarle. Entonces le tomará intencionalmente la mano y se la llevará a los ojos y a la frente y, con el pretexto de preparar alguna medicina, le pedirá que lo haga por él con las siguientes palabras: "Esto lo debes hacer tú y nadie más". Cuando ella quiera irse, él la dejará partir, pero le pedirá con vehemencia que vuelva a visitarlo. Este simulacro de enfermedad debe continuar durante tres días y tres noches. Luego, cuando ella comience a visitarlo con frecuencia, sostendrán

---

Cuando una muchacha comienza a mostrar su amor mediante signos y movimientos, el amante debe tratar de conquistarla por completo practicando varios tipos de abrazos. Debería tomarle la mano de manera intencionada y alabar sus hermosos encantos.

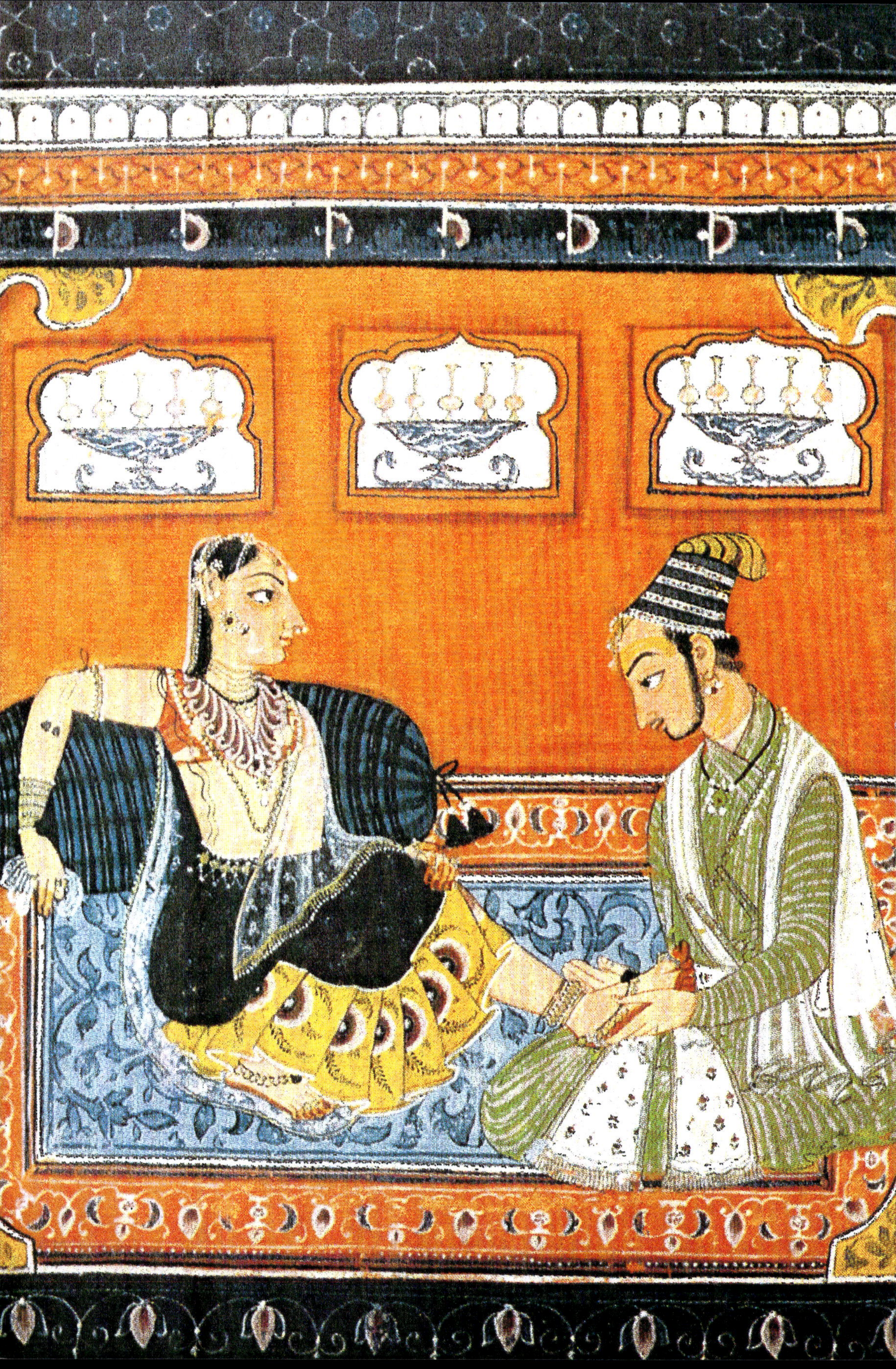

largas conversaciones, ya que, según Ghotakamukha: "Por más que un hombre ame a una muchacha, nunca conseguirá conquistarla sin un gran derroche de palabras". Solo cuando descubra que la ha conquistado por completo, puede empezar a gozar de ella. En cuanto a la creencia de que las mujeres se vuelven menos tímidas durante la noche y en la oscuridad, y que solo a estas horas desean la unión sexual y, por lo tanto, hay que aprovechar esos momentos, esta es solo una falacia.

Cuando le resulte imposible al hombre llevar a cabo todos estos esfuerzos por sí solo, debe pedirle ayuda a la hija de la nodriza o a una amiga en la que la muchacha confíe, para así conseguir que esta lo atienda sin sospechar de sus planes. Entonces podrá cortejarla. O puede enviar a su propia criada a vivir con la muchacha como su amiga, con la intención de conquistarla.

Al final, cuando el hombre ya esté seguro de los sentimientos de la muchacha por su actitud externa y por su conducta hacia él en festivales religiosos, ceremonias matrimoniales, ferias, teatros, asambleas públicas y otras ocasiones similares, comenzará a gozar de ella cuando se encuentren a solas, ya que Vatsyayana sostiene que las mujeres, si uno recurre a ellas en los momentos oportunos y en los lugares adecuados, no se apartarán de sus amantes.

Ganarse a un hombre

Cuando una muchacha posee buenas cualidades y es bien educada, a pesar de haber nacido en una familia humilde o no tener riqueza alguna y, por lo tanto, no ser deseada por sus iguales; o ser una huérfana, privada de sus padres, pero aun así observar las reglas de su familia y de su casta, y desea casarse cuando llegue a la mayoría de edad, debe esforzarse en conquistar a un joven fuerte y apuesto, o bien un hombre con quien ella piense que le sería fácil casarse por su

---

(Páginas 152–153) El amante le describirá a la mujer los dolores que sufre por su causa, así como el hermoso sueño que tuvo con ella. Se sentará cerca de ella y la tocará con cualquier pretexto. (Izquierda) Debe tocar lentamente los dedos de sus pies, presionando los extremos de sus uñas. Todo esto, junto con sus gestos y su mirada, le demostrará lo mucho que la ama.

carácter débil, incluso sin el consentimiento de sus padres. Para lograrlo, ella debe ganarse el cariño del joven y verlo con mucha frecuencia. Su madre puede ayudarla para que se reúnan a menudo, a través de sus amigas y de la hija de su nodriza. La muchacha puede tratar de encontrarse a solas con su amado en algún lugar tranquilo, y regalarle flores, nueces u hojas de betel y perfumes. También debe mostrarle su destreza en el arte de masajear, arañar y presionar con las uñas. Debe procurar que hablen sobre temas que le gusten a él.

Pero, de acuerdo con los antiguos, por mucho que una muchacha ame a un hombre, nunca debe ofrecérsele ni hacer las primeras insinuaciones, porque perdería su dignidad y podría ser despreciada y rechazada. Solo cuando el hombre exprese su deseo de gozar de ella podrá mostrarse predispuesta, aunque no debe alterar su actitud cuando él la abrace, y deberá acoger todas sus manifestaciones de amor como si ella ignorara sus sentimientos. Sin embargo, cuando él pretenda besarla, ella se opondrá; cuando él le ruegue tener relaciones sexuales, ella solo le permitirá tocar sus partes íntimas, y aun así le pondrá mucha dificultad; y aunque la importune, ella no cederá a sus deseos, sino que resistirá ante sus intentos de poseerla. Solo cuando ella esté convencida de que es realmente amada, que su amante le es completamente fiel y que no cambiará de opinión, ella debe entregársele y persuadirlo de que la haga su esposa lo más pronto posible. Después de haber perdido su virginidad, deberá contárselo a sus confidentes.

Una muchacha que sea muy solicitada debe casarse con el hombre que le gusta, y que ella cree que le será obediente y capaz de darle placer. Es preferible un marido que sea obediente, pero dueño de sí mismo, aunque sea pobre y no tenga buena apariencia, que un marido que ya tenga muchas mujeres, aunque sea guapo y attractivo.

(Derecha) La pareja divina, Shiva y Parvati, sentados sobre el toro Nandi.

Algunos *shlokas* sobre este asunto señalan:

Una muchacha que sea muy buscada debe casarse con el hombre que le gusta, y que ella crea que le será obediente y capaz de darle placer. Pero cuando, por afán de riqueza, unos padres casan a su hija con un hombre rico sin preocuparse por el carácter o la apariencia del novio; o cuando la entregan a un hombre que ya tiene varias esposas, ella nunca sentirá apego por él, incluso si está dotado de buenas cualidades, si es obediente, activo, fuerte, saludable y anda ansioso por complacerla en todos los aspectos. Es preferible un marido que sea obediente, pero dueño de sí mismo, aunque sea pobre y no tenga buena apariencia, que un marido que ya tenga muchas mujeres, a pesar de que sea guapo y atractivo. Por lo general, las mujeres casadas con hombres ricos que tienen varias esposas no están apegadas a sus maridos ni confían en ellos, y por más que tengan a su alcance todos los placeres externos de la vida, no dejan de recurrir a otros hombres.

Un hombre de mentalidad baja, que haya perdido su posición social, un hombre viejo, o uno muy dado a viajar, no merece que se casen con él; ni uno que ya tenga muchas esposas e hijos, ni uno que dedique mucho tiempo a los deportes y al juego, y que recurra a su mujer solo cuando le plazca. De todos los amantes de una muchacha, solo será su verdadero marido aquel que posea las cualidades que a ella le agraden, y solo tal marido goza de verdadera superioridad sobre ella, porque es el marido del amor.

Tipos de matrimonio

विवाहयोग प्रकरण

Vivahayoga Prakarana

uando una muchacha sea incapaz de reunirse a menudo con su amante en privado, puede enviarle a la hija de su nodriza, dando por sentado que le tiene confianza y que esta actuará para su interés.

La hija de la nodriza

Al encontrarse con el hombre, la hija de la nodriza debe contarle sobre el noble nacimiento de la muchacha, su buen carácter, belleza, talento, destreza, el conocimiento que tiene de la naturaleza humana y su afecto, pero de tal forma que él no se entere de que ha sido enviada por la muchacha para conquistar su corazón. También puede alabar las cualidades del hombre ante la muchacha, en especial aquellas que sabe que a ella le gustarían. Además, le hablará con desprecio de los otros amantes de la muchacha, de la avaricia y la indiscreción de sus padres, y de la inestabilidad de sus relaciones. También puede citar ejemplos de muchachas de tiempos pasados, como Shakuntala y otras, quienes, después de haberse unido con amantes de su propia casta y de acuerdo con su elección, fueron felices para siempre. Y también debería contarle

---

(Izquierda) Las doncellas preparan a la novia para su primera noche. Mientras le aplican alheña, colorete, colirio y perfume a la muchacha ansiosa, el momento se va llenando de risas y canciones.

sobre otras muchachas que se casaron con grandes familias y aun así fueron maltratadas por esposas rivales, se volvieron desdichadas y miserables, y al final se vieron abandonadas. Le hablará de la buena fortuna, felicidad continua, castidad, obediencia y el afecto del hombre y, si la muchacha se enamora de él, se esforzará en disipar la vergüenza, el miedo y las sospechas sobre cualquier desventura que pudiera resultar de su matrimonio. En resumen, debe cumplir el papel exacto de una mensajera, contándole a la muchacha sobre el afecto del hombre, sobre los lugares que este frecuenta y los esfuerzos que está haciendo para encontrarse con ella, y a menudo le repetirá: "Sería bueno que el hombre te llevara por la fuerza y de improviso".

El matrimonio *gandharva*

Cuando una muchacha ha sido conquistada y se comporta de manera abierta con el hombre como si fuese su esposa, él hará traer fuego de la casa de un brahmán y esparcirá *kusha* (hierba) sobre la tierra, y ofrecerá un sacrificio al fuego, y entonces se casará con ella de acuerdo con los preceptos de la ley religiosa. Seguidamente, informará del hecho a sus padres, ya que, en opinión de los autores antiguos, un matrimonio solemnemente contraído en presencia del fuego no puede ser anulado.

Después de la consumación del matrimonio, los parientes del hombre deben saber del vínculo. También se les dirá a los parientes de la muchacha, de manera que den su consentimiento y pasen por alto la forma en que se produjo el matrimonio. De hecho, se les debe apaciguar con regalos hechos con afecto y una conducta respetuosa. De esta manera, el hombre se habría casado con la muchacha de acuerdo con la forma *gandharva* de matrimonio.

Matrimonio forzado

Cuando la muchacha esté indecisa o no exprese su disposición a casarse, el hombre puede conseguir su objetivo de una de las maneras siguientes:

En una ocasión favorable y mediante alguna artimaña puede, con la ayuda de una amiga en quien pueda confiar y que resulte ser también conocida de la familia de la muchacha, hacer que la traigan inopinadamente a su casa. Entonces debe traer fuego dela casa de un brahmán, y proceder de la forma como se ha descrito anteriormente.

En otro caso, cuando se acerca el matrimonio de la muchacha con algún otro, el hombre debe esforzarse en desacreditar al futuro marido ante la madre de la muchacha, y luego persuadirla para que se vaya con consentimiento de su madre a una casa vecina, donde él mandará a traer fuego de la casa de un brahmán, y la hará su esposa.

También puede hacerse muy amigo del hermano de la muchacha, con quien comparte la misma edad y que es adicto a las cortesanas y vive de intrigas con las esposas de otros. Entonces, debe ayudar al hermano en tales asuntos y darle regalos de vez en cuando. Una vez conquistado, le contará cuán enamorado se siente de su hermana, ya que los jóvenes

---

Las doncellas tocan música melodiosa durante una ceremonia de boda.
(Izquierda) Radha y Krishna disfrutan de la atención de sus devotas durante un paseo en bote.

Tipos de matrimonio 161

son capaces de sacrificar sus propias vidas por los que tienen su misma edad y comparten los mismos gustos y carácter que ellos. Con esto, conseguirá que el hermano lleve a la muchacha a un lugar seguro y, una vez allí, mandará a traer fuego de la casa de un brahmán y procederá al matrimonio.

Con ocasión de un festival, el hombre puede conseguir que la hija de la nodriza le dé a la muchacha alguna sustancia embriagadora y que luego la lleve a un lugar secreto. Él puede entonces gozar de ella antes de que se recupere de su somnolencia, mandar a traer fuego de la casa de un brahmán y hacerla su esposa.

Con la connivencia de la hija de la nodriza, puede sacar a la muchacha de su casa mientras esté dormida, gozar de ella antes de que se recupere de su sueño, mandar a traer fuego de la casa de un brahmán e inducirla a casarse.

O cuando la muchacha vaya a un jardín o a un pueblo de los alrededores, el hombre y sus amigos pueden caer sobre sus guardianes y hacerlos matar o espantarlos. Puede raptarla y casarse con ella por la fuerza.

Hay *shlokas* que dicen:
De todas las formas de matrimonio descritas en esta obra, la que precede es mejor que la siguiente, por estar más conforme con los mandamientos de la religión y, en consecuencia, solo se debe recurrir a la segunda cuando es imposible llevar a cabo la primera. Como el fruto de todo buen matrimonio es el amor, la forma gandharva de matrimonio se respeta, aunque haya sido realizada en circunstancias desfavorables, porque cumple el objetivo que se propone. Otra causa del respeto atribuido a la forma gandharva es que genera felicidad, ocasiona menos problemas que las otras formas de matrimonio y es, sobre todo, el resultado de un amor previo.

(Izquierda) Frustrada, la joven pareja decide fugarse. En un movimiento audaz el héroe se acerca a la pared junto a la recámara de su heroína a lomos de un elefante. La muchacha lo espera, lista y ansiosa; instigada por su doncella, baja a los brazos de su amante para luego desvanecerse en la oscuridad de la noche. (Páginas 162-163) Cuando una muchacha se casa con alguien de la misma casta, de acuerdo con las costumbres locales y la Sagrada Escritura, en presencia de un brahmán, y además hace ofrendas al fuego santo, se asegura la felicidad en su vida de pareja y su duración eterna.

La esposa

Deberes de una esposa

Esposas mayores y esposas menores

Libro 4

Deberes de una esposa

एकचारिणीवृत्त प्रकरण

Ekacharinivritta Prakarana

na mujer virtuosa, que sienta afecto por su marido, debe actuar de acuerdo con los deseos de este como si fuera un ser divino, y con su consentimiento debe asumir el cuidado de su familia. La casa debe estar bien limpia, con un piso liso y pulido, y decorada con flores para que se vea pulcra y decente.

Embellecer la casa con un jardín

Debe rodear la casa con un jardín, en el que colocará todos los materiales necesarios para los sacrificios de la mañana, del mediodía y de la tarde. También debe reverenciar el santuario de los dioses del hogar, ya que, según Gonardiya, "nada atrae tanto el corazón de un cabeza de familia hacia su esposa como la observancia escrupulosa de los rituales del hogar".

En la huerta, que por lo general se encuentra en la parte de atrás de la casa, debe plantar lechos de legumbres verdes, caña de azúcar, semillas de comino, higueras, mostaza, perejil, soya y laurel.

En el frente de la casa puede planificar un jardín de flores con *kubjyaka, amalaka, mallika, tagara, kurantaka, navamallika, nandavarata* y

---

(Izquierda) Un tapiz de Kishengarh, de mediados del siglo XVIII, que representa a Krishna y Radha en la agonía de la pasión divina.

árboles de *japa*, jazmines y amaranto amarillo; plantaciones de *balaka* y *ushiraka*. El jardín se puede embellecer con asientos de mármol dispuestos en cenadores, construidos como lugares de descanso para disfrutar en paz y tranquilidad; un zahorí debe encontrar una fuente y un pozo que proporcione agua para beber y bañarse, así como para llenar un tanque o una piscina.

Comportamiento y etiqueta

La esposa debe evitar en todo momento la compañía de mujeres que sean pedigüeñas, *bhikshunis*, mendicantes, indecentes y pícaras, adivinas y brujas. Para las comidas, siempre tendrá en cuenta lo que gusta o no a su marido, los alimentos que son favorables o perjudiciales para él. En cuanto oiga sus pasos al volver a casa, debe levantarse de inmediato y estar dispuesta a cumplir lo que él le pida, además de ordenar a su criada que lave los pies del hombre o hacerlo ella misma. Cuando salga con él a cualquier parte, se pondrá sus adornos. Si no tiene el consentimiento de su esposo, no debe ofrecer ni aceptar invitaciones, asistir a matrimonios y sacrificios, mezclarse con sus amigas, visitar templos o participar en juegos. Ella debe sentarse después de él, levantarse antes que él, y nunca lo despertará mientras duerme. La cocina estará situada en un rincón tranquilo y retirado, al cual los extraños no tengan acceso, y la mantendrá siempre limpia y libre de suciedad y plagas.

En caso de que su marido se porte mal, ella no debe acusarlo con exceso, a pesar de que pueda hallarse un poco disgustada. No debe usar

---

Las dos jóvenes doncellas ayudan a la esposa a dar a luz un bebé sano. Si no se le entrega un heredero, el hombre puede ir en busca de otra esposa. (Derecha) Una mujer que pertenezca a una familia noble y lleve una vida casta, dedicada a su marido, y que además le dé un heredero varón, adquiere dharma, artha, kama *y se gana una posición alta.*

un lenguaje ofensivo hacia él, sino que tratará de reprenderlo con palabras conciliadoras, ya sea que se encuentre solo o con amigos. Por otra parte, ella no será una regañona, ya que, según Gonardiya, "nada hay que disguste tanto a un marido como esta característica en una esposa". También debe evitar mirarlo con enojo, mientras habla entre dientes; quedarse de pie en la puerta mirando a los que pasan; conversar en las arboledas de placer; quedarse mucho rato en un lugar solitario; y, por último, debe mantener siempre su cuerpo, sus dientes, su cabello y todo lo que le pertenece, en orden, dulce, delicado y limpio.

Cuando la esposa desea acercarse a su marido en privado, debe llevar ropa de colores, adornos y flores, y untarse algunas pomadas o ungüentos con olor a caramelo. Pero su vestido de cada día debe consistir en una tela fina, de textura ligera, algunos adornos y flores, y un poco de perfume. También debe observar los ayunos y votos de su esposo y, si él trata de impedírselo, ella debe persuadirlo de que la deje hacerlo.

Supervisar la casa

En determinadas épocas del año, para protegerse contra el aumento de los precios, y cuando los siguientes utensilios se hallen en abundancia y, por lo tanto, estén a buen precio, el ama de casa comprará y almacenará ollas de barro, cestas de caña, tazas y cuencos de madera, y vasijas de hierro y cobre. Tendrá cuidado y se asegurará de que, ante una posible escasez, se almacenen en la casa todos los artículos de uso común, como sal de roca, aceites, perfumes, pimienta, medicinas, fármacos raros y especias. En el cobertizo del jardín guardará semillas de rábano, remolacha, papas, espinacas, *damanka*, pepino, *gonikarika*, ajo y cebolla, que se han recogido en cada temporada, para sembrarlas en el momento adecuado.

La esposa no debe compartir con extraños la cantidad de su riqueza, ni los secretos que su

marido le haya confiado. Debe superar a todas las mujeres de su rango en inteligencia, apariencia, conocimientos de cocina, orgullo y maneras de servir a su marido.

Atenderá de buena manera las ventas y compras de utensilios y muebles. En la medida de lo posible, es necesario aumentar los ingresos y reducir los gastos. La leche que sobre será convertida en *ghee* (mantequilla clarificada). En la casa se prepararán el aceite y el azúcar; allí también se hilará y tejerá; y se contará con una provisión de cuerdas y cordeles, así como cortezas de árboles para trenzar cuerdas.

Supervisará con mucho cuidado el machacado del arroz, y aprovechará los residuos de granos menudos y paja. La esposa siempre debe ser hábil y cuidadosa con el dinero, disponer el pago de todas las cuotas, en particular los salarios de los criados y otros gastos del hogar. Sus tareas adicionales incluyen vigilar la labranza de los campos; los rebaños y manadas; la construcción y reparación de equipos agrícolas; el cuidado de animales domésticos y mascotas como carneros, gallos, codornices, loros, estorninos, cucos, pavos reales, monos y ciervos; y, por último, controlar los ingresos y gastos del día.

La buena ama de casa es liberal y comprensiva con sus criados, y los recompensa en los días festivos y festivales, pero no les regala nada sin informar a su marido.

A los criados que hayan hecho un buen trabajo, les regalará ropa usada para darles a entender que aprecia sus servicios, o bien, la utilizará para otros fines. Debe cuidar con mucha meticulosidad las vasijas en las que se prepara y guarda el vino para su consumo en el momento adecuado.

Honrar a los suegros y a los amigos de su marido

Debe dar la bienvenida a los amigos de su marido con flores, perfumes, incienso, hojas y nueces de betel. Debe tratar a sus suegros con el respeto que merecen, condescendiendo siempre a su voluntad, sin llevarles la contraria, hablándoles con pocas y suaves palabras, sin reírse en voz alta en presencia de ellos, y actuando con sus amigos y enemigos como si fuesen los suyos. Además, no ha de ser vanidosa, ni ocuparse demasiado con sus placeres.

Durante la ausencia de su marido por un viaje, la mujer virtuosa solo llevará sus adornos de buen augurio, cumplirá con los ayunos y fiestas en honor a los dioses. Por muy ansiosa que se encuentre por tener noticias de su marido, debe seguir atendiendo los asuntos domésticos. Debe dormir cerca de las mujeres más ancianas de la casa, y procurar serles agradable. Cuidará las cosas que más le gustan a su marido, y continuará los trabajos que él haya comenzado. Tampoco debe visitar a sus parientes, excepto con ocasión de un evento festivo o de un duelo, al cual asistirá con su vestido usual de viaje, acompañada de los criados de su marido, y no permanecerá allí mucho tiempo. Y cuando su marido regrese de su viaje debe recibirlo, al principio, con su ropa ordinaria, para que vea cómo ha vivido durante su ausencia, y darle algunos regalos, así como materiales para la adoración de los dioses.

Algunos *shlokas* afirman esto:
La esposa, ya sea de familia noble, una virgen, una viuda que se volvió a casar o una concubina, debe llevar una vida casta, estar dedicada a su marido y hacer todo lo posible por su bienestar. Las mujeres que actúan de esta manera adquieren dharma, artha *y* kama, *obtienen una posición elevada y, por lo general, logran que sus maridos se dediquen más a ellas.*

Si ama a su marido, una mujer virtuosa debe actuar de acuerdo con sus deseos, como si él fuera un ser divino. (Izquierda) Shiva y Parvati en un abrazo amoroso. Esta escultura de bronce tiene orígenes tántricos.

Esposas mayores y esposas menores

ज्येष्ठादिवृत्त प्रकरण

Jyeshtadivritta Prakarana

Si un marido se vuelve a casar durante la vida de su esposa, puede haber muchas causas: la locura o mal carácter de ella, la repulsión de su marido, la falta de descendencia, el nacimiento continuo de hijas o la incontinencia del marido.

Comportamiento hacia las otras esposas

Desde el principio, una esposa debe esforzarse por conquistar el corazón de su esposo a través de una continua devoción, buen humor y sabiduría. Sin embargo, si no le proporciona hijos, ella misma debe decirle a su marido que se case con otra mujer. Y cuando la segunda esposa llegue a la casa, ella debe concederle una posición superior a la

---

(Izquierda) Un hombre con muchas esposas debe actuar con justicia ante todas. Debe darle a cada una su lugar y el respeto que convenga a la ocasión, y no debe revelarle a ninguna el amor, la pasión ni los reproches confidenciales de las otras.
(Siguiente página) Una mujer de buena naturaleza, que cuida de su marido, se gana su apego, además de la superioridad sobre sus rivales.

गसंगपरिहासविचित्रनृत्यक्रीडानि

चंपावती विदूनः

suya y tratarla como a una hermana. Por la mañana, la obligará a adornarse en presencia de su marido, y no se opondrá si él favorece a la otra esposa. Si la más joven hace algo que disguste a su marido, la mayor estará siempre presta para darle cuidadosos consejos y enseñarle diferentes maneras de complacerlo. Debe tratar a los hijos de la esposa más joven como si fueran los suyos propios, mostrar a sus criados más respeto que a los suyos, apreciar a sus amigos con amor y bondad, y tratar a sus parientes con gran honor.

Cuando, además de ella, hay varias esposas, la mayor se aliará con la que le sigue en rango y edad, e instigará a la esposa que recientemente ha gozado del favor de su marido para que discuta con la favorita actual. Simpatizará con la primera y, después de haber reunido a todas las otras mujeres, conseguirá que denuncien a la favorita como una mujer intrigante y mala, aunque sin comprometerse de ninguna manera. Si la favorita se pelea con el marido, entonces la mayor se pondrá de su lado y la alentará de manera falsa, para que así la pelea se intensifique. Si la pelea es pequeña, la esposa mayor hará todo lo posible para que se agrave. Pero si, después de todo esto, ve que el marido todavía sigue amando a su favorita, debe cambiar de táctica y tratar de lograr una reconciliación entre ellos, a fin de evitar el disgusto de su marido.

En cambio, la esposa más joven considerará a la mayor como su madre y no regalará nada, ni siquiera a sus propios parientes, sin que la mayor lo sepa. La más joven le dirá a la mayor todo sobre sí misma, y no se acercará al marido sin su permiso. No revelará a nadie lo que la esposa mayor le confía y cuidará de sus hijos más que de los suyos. Cuando se encuentre a solas con su marido, le servirá

Los amantes parecen distraídos durante su apasionado juego amoroso. (Izquierda) El esposo derrama amor sobre su esposa favorita al ofrecerle una copa de vino.

bien, sin hablarle del dolor que le produce la existencia de una rival. También puede obtener de su marido algunas muestras del afecto que siente solo por ella, decirle que vive solo para él y por las atenciones que él le da.

Nunca confiará a ninguna persona el amor que siente por su marido, ni el de su marido por ella, ya sea por orgullo o por rabia, porque una esposa que revele los secretos de su marido será despreciada por este. En cuanto a tratar de conseguir la consideración de su marido, Gonardiya dice que deberá buscarla siempre en privado, por temor a la esposa de más edad. Si la esposa mayor es rechazada por su marido, o no tiene hijos, la menor simpatizará con ella y le pedirá a su marido que haga lo mismo, pero se esforzará en superarla llevando la vida de una mujer casta.

Segundas nupcias de viudas

A una viuda en situación de pobreza, o de naturaleza débil, que se alía de nuevo con un hombre, se le denomina viuda que se volvió a casar. En

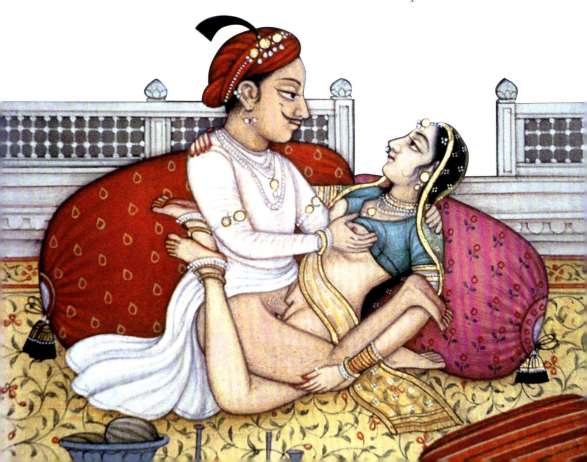

opinión de Babhravya, una viuda virgen no debe casarse con un hombre del cual deba separarse debido a su mal carácter o pésimas cualidades para después recurrir a otro. Gonardiya considera que, ya que una viuda se vuelve a casar en busca de la felicidad, y esta depende de su marido, junto con el amor por el placer, lo mejor para ella es encontrar un hombre dotado de excelentes cualidades. Vatsyayana, sin embargo, piensa que una viuda puede casarse con quien le plazca y crea que le conviene.

En el momento del matrimonio, la viuda debe conseguir de su marido suficiente dinero para pagar las fiestas, los días de campo con los parientes y los regalos para estos y sus amigos; o bien ella puede preferir costear estas cosas con su propio dinero. Del mismo modo, puede llevar los adornos que le dio su marido o los suyos propios. No hay una regla fija sobre los regalos que deben intercambiar el marido y su mujer. Si, después del matrimonio, ella abandona a su marido, debe restituir todo lo que este le haya dado, con excepción de los regalos mutuos. Sin embargo, si su marido la expulsa de la casa, ella no debe devolverle nada.

Después de su matrimonio, ella vivirá en la casa de su marido como uno de los principales miembros de la familia, pero tratará a las otras damas de la familia con bondad, a los criados con generosidad, y a todos los amigos de la casa con naturalidad y buen humor. Debe demostrar que está mejor instruida en las sesenta y cuatro artes que las otras damas de la

---

La esposa más joven siempre debe respetar a la mayor y no debe hacer nada sin su conocimiento. (Izquierda) Una mujer experta en las sesenta y cuatro artes del placer seguramente se convertirá en la favorita de su marido. Aquí, ella rodea su espalda con sus piernas y lo empuja hacia adelante para proporcionar un empuje extra, mientras él juega con sus senos.

Esposas mayores y esposas menores

casa y, en cualquier disputa con su marido, ella no ha de reprenderlo con severidad, y en privado se prestará a todo lo que él desea, recurriendo a las sesenta y cuatro formas de disfrute. Debe ser servicial con las otras esposas de su marido, dar regalos a sus hijos, comportarse como su amante, y hacerles adornos y juguetes. Confiará más en los amigos y criados de su esposo que en las otras esposas y, por último, ha de disfrutar las fiestas, días de campo, ferias y festivales, toda clase de juegos y diversiones.

La esposa abandonada

Una mujer que su marido no quiera, y a la que molesten y angustien las otras esposas, debe aliarse con la favorita, ya que esta le servirá más que las demás, aparte de enseñarle todas las artes que no conozca. Servirá como nodriza de los hijos de su marido; y, una vez se haya ganado a sus amigos, por medio de estos debe hacerle consciente de la devoción que le guarda. En las ceremonias religiosas, los votos y los ayunos debe ser una líder, y no ser demasiado engreída. Cuando su marido esté acostado en su cama, ella solo se acercará cuando él lo desee; nunca le reprochará ni se mostrará de malhumor de ninguna manera. Si su esposo discute con cualquiera de sus otras esposas, ella debe reconciliarlos y, si él desea ver a alguna mujer en secreto, ella debe arreglarles una cita. A medida que vaya conociendo todas las

---

Tanto las esposas mayores como las menores deben vivir juntas en armonía y participar en todos los eventos religiosos y sociales del hogar. (Derecha) Un viejo campesino que va pasando parece encantado con los atractivos de una hermosa doncella, y se detiene a admirarla. Una esposa virtuosa no debe permanecer mucho tiempo fuera de su casa, ni siquiera en la puerta, ya que los hombres desesperados lo podrían interpretar como una invitación.

debilidades de su marido, debe mantenerlas en secreto y se comportará de tal manera que él pueda verla como una esposa devota.

Conducta del rey y las damas reales

Las mujeres de la estancia interior, llamadas *kanchukiyas* y *mahattarikas*, pueden llevarle al rey flores, ungüentos y trajes de sus esposas, y este les dará estas cosas como regalos a los criados, junto con las que él mismo usó el día anterior. Por la tarde, el rey, luego de haberse vestido y puesto sus ornamentos, debe visitar a las mujeres del harén, las cuales también deben vestirse y adornarse con joyas. Después de haber asignado a cada una el lugar y respeto que amerita la ocasión, sostendrá con ellas una alegre conversación. Después de esto, deberá encontrarse con las esposas que sean viudas vírgenes que se volvieron a casar y, luego, con las concubinas y bailarinas. El rey las visitará a todas en sus habitaciones privadas.

Cuando el rey despierte de su siesta de mediodía, la doncella de guardia debe ir a su encuentro, acompañada por las doncellas de la esposa a la que le toque pasar la noche con él, y de la que pudo, por error, haber sido pasada cuando le tocaba, y de la que pudo haber estado enferma en el momento de su turno.

Estas doncellas deben colocar ante el rey los ungüentos enviados por cada una de estas esposas, que estarán marcados con el sello de sus anillos, y le dirán sus nombres y sus motivos para enviarlos. Después de que el rey acepta el ungüento de una de ellas, se le informará que ha sido escogida.

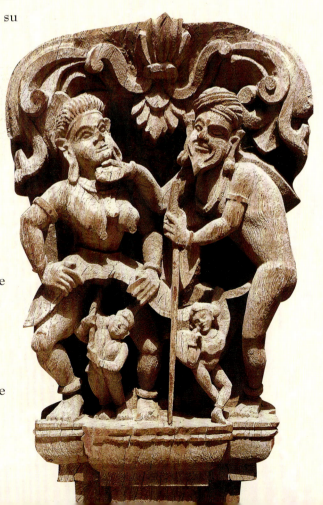

En los festivales, concursos de canto y exhibiciones, a todas las esposas del rey se les tratará con respeto y se les servirá bebidas. Pero a las mujeres del harén no se les debe permitir salir solas, ni se les permitirá a las mujeres de afuera entrar, excepto a aquellas cuyo carácter sea bien conocido. Las esposas del rey no deben realizar ningún trabajo que las fatigue demasiado.

Hay algunos *shlokas* sobre el tema:
Un hombre que tenga muchas esposas debe actuar de manera justa con todas ellas. No debe ignorar ni pasar por alto sus faltas, y no debe revelar a una esposa el amor, la pasión, las imperfecciones corporales y los reproches confidenciales de la otra. No se le debe dar a ninguna de ellas la ocasión para que le hable sobre sus rivales, y si una de ellas lo hace, él la reprenderá y le dirá que ella tiene exactamente los mismos defectos de carácter. Complacerá a una de ellas con confianza secreta, a otra con atenciones secretas, y a otra con halagos secretos, y con todas paseará por los jardines, divirtiéndolas, haciéndoles regalos, honrando a sus parientes, contándoles secretos y, por último, uniéndoseles amorosamente. Una joven que esté de buen humor y que se comporte de acuerdo con los preceptos de la Sagrada Escritura, se ganará el afecto de su marido y superará así a sus rivales.

El héroe atrapa a su heroína con la fuerza de sus muslos y empuja dentro de su yoni. (Izquierda) El rey y su esposa elegida están rodeados de criadas de la estancia interior, quienes conversan alegremente con ellos y se bañan en la piscina para crear el ambiente ideal para la unión amorosa que seguirá.

Seducir a las esposas de otros

Características de hombres y mujeres

Familiarizarse

Determinar las emociones

Deberes de una celestina

Conducta de un rey

Comportamiento de las damas de la estancia interior

Libro 5

Características de hombres y mujeres

स्त्रीपुरुषशीलावस्थापन प्रकरण

Stripurushasheelavasthapana Prakarana

Se puede recurrir a las esposas de otros hombres en las ocasiones descritas anteriormente, pero en primer lugar se debe examinar cómo conquistarlas, su aptitud para cohabitar con ellas, el peligro de unirse con ellas y el efecto futuro de estas uniones.

Justificación para seducir a las esposas de otros hombres

Un hombre puede recurrir a la esposa de otro para salvar su propia vida, cuando se da cuenta de que su amor por ella va aumentando cada vez más en grados de intensidad. Hay diez grados en total: amor de ojo; apego de la mente; reflexión constante; insomnio; pérdida de voluntad; cuerpo demacrado; alejarse del placer y las diversiones; comportamiento desvergonzado; desequilibrio mental; debilidad física, debilidad que conduce al vértigo y produce desmayos; ninguna voluntad de vivir.

(Izquierda) Cuando una mujer le da a un hombre una oportunidad y le manifiesta su amor, él debe proceder a gozar de ella. La mujer se delatará al hablar con él temblorosamente y al exponer en lugares secretos, cuando se presente la oportunidad, las partes erógenas de su cuerpo.

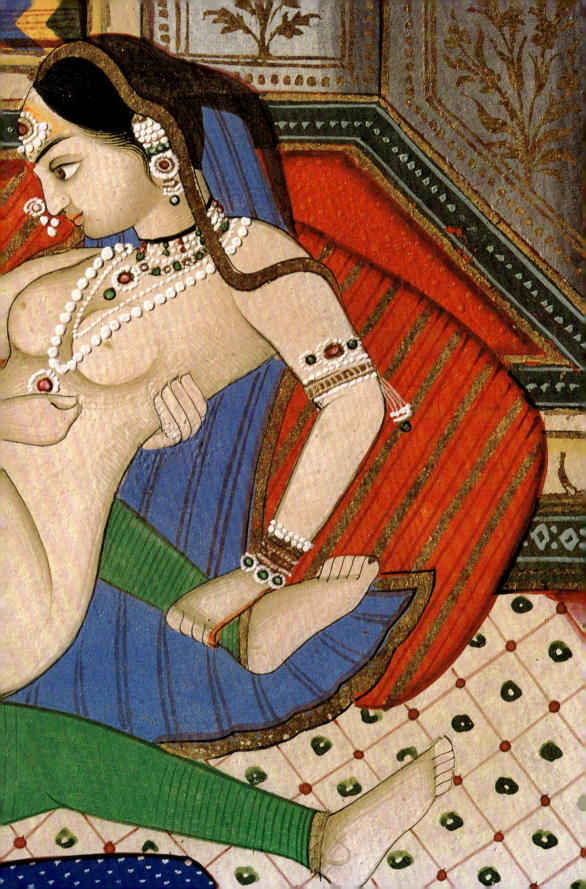

Los sabios antiguos dicen que un hombre debe percibir la disposición, sinceridad, pureza y voluntad de una mujer joven, así como la intensidad o debilidad de sus pasiones, tan solo con observar la forma de su cuerpo y ciertas marcas y signos característicos. Pero Vatsyayana opina que estos no son verdaderos indicios, y que hay que juzgar a las mujeres por su conducta, la expresión externa de sus pensamientos y los movimientos de su cuerpo.

En opinión de Gonikaputra, por lo general una mujer se enamora de todo hombre guapo que ve, como todo hombre de una mujer hermosa, pero a menudo no van más allá por diversos motivos. En el amor, las circunstancias siguientes son propias de la mujer. Ama sin reparar en el bien o el mal, y no intenta conquistar a un hombre simplemente para conseguir tal o cual propósito. Además, cuando un hombre la aborda primero, ella, por su naturaleza, se aparta de él, aunque en el fondo esté dispuesta a unírsele. Pero, cuando los intentos del hombre para conquistarla se repiten y renuevan, ella acaba consintiendo. Por el contrario, un hombre, aunque ya se encuentre enamorado, domina sus sentimientos gracias a la moral y a la sabiduría y, aun cuando a menudo piense en la mujer, no cede, a pesar de que intente conquistarlo. A veces, él intenta ganarse al objeto de sus amores, pero si fracasa, la deja en paz. También ocurre que, cuando una mujer es conquistada, a menudo a él ya le resulta indiferente. No hace falta recordar que a un hombre no

---

Aunque ocupado, el héroe se toma un momento para disparar una flecha a la presa que lo distrae. (Páginas 190–191) Como la mayoría de las muchachas no están familiarizadas con la unión sexual, deben ser tratadas con delicadeza, y el hombre debe proceder con considerable precaución; sin embargo, en el caso de mujeres acostumbradas a las relaciones sexuales, esto no es necesario. (Izquierda) Los hombres a los que generalmente les va bien con las mujeres son hábiles en el arte del amor, también en narrar historias; ellas los conocen desde la infancia y los admiran por sus proezas atléticas.

Características de hombres y mujeres

le importa lo que se puede conseguir fácilmente, y que solo desea algo que se pueda obtener con dificultad.

Por qué las mujeres evitan a otros hombres

Una mujer rechaza las proposiciones de un hombre debido al afecto por su esposo y al deseo de una descendencia legítima; a la falta de oportunidades favorables; al enojo por la familiaridad con que este la aborda y la diferencia de rangos sociales; a la modestia ante la inteligencia de él; a la incertidumbre, porque el hombre viaja con frecuencia y puede tener otra amante; al temor de que no pueda mantener el secreto; a la excesiva devoción y respeto que el hombre muestra por sus amigos; a la aprensión de que él no sea serio; a la timidez porque se trata de un hombre ilustre; al temor de su fuerza y pasión impetuosa; al recuerdo de haber vivido con él solo como amigos; al desprecio por su ignorancia de las artes; a la incertidumbre sobre su carácter; a la molestia, porque el hombre no nota el amor que ella siente por él; al temor de que ocurra cualquier desgracia a causa de su pasión; a la desconfianza ante sus propias imperfecciones; al miedo a ser descubierta; al temor de que su marido recurra a su amante para probar su castidad, y a la duda sobre la consideración que él tiene en materia de moralidad.

Cualquiera de estos obstáculos que el hombre perciba debe ser eliminado desde el principio. Al ofrecerle pruebas de un gran amor, logrará que la mujer supere su timidez ante su posición elevada o su talento. También debe combatir la falta de oportunidades o la dificultad en llegar hasta él mostrándole algún medio de fácil acceso. Él puede reducir el excesivo respeto que ella le

La nayika dobla su cuerpo hacia atrás en una postura yóguica que permitirá una penetración más profunda en la postura de pie. (Izquierda) Un apuesto guerrero ha entrado en secreto en los confines de la estancia interior de un rey, y muestra su energía sexual al atraer y disfrutar de muchas mujeres al mismo tiempo.

tiene tratándola con más familiaridad. Si ella sospecha que él tiene un carácter bajo, debe mostrarle su valentía y sabiduría; si lo acusa de negligencia, él debe prestarle más atención; y, ante el temor de ella, debe encontrar el estímulo adecuado para disiparlo.

Hombres exitosos

Los hombres que generalmente tienen éxito con las mujeres son expertos en el arte del amor, porque conocen bien todos los aspectos de esta ciencia; son hábiles para contar historias; saben tratar con las mujeres desde la infancia y estas los admiran por su destreza física; les envían regalos y hablan con fluidez y elegancia; están siempre atentos a ellas; son encantadores y jóvenes, pero inocentes e inexpertos en materia de amor; están conscientes de sus debilidades, y las mujeres de rango superior los buscan y sus amigas se los envían en secreto.

Los hombres de éxito son también aquellos que se han criado con las mujeres y son sus vecinos; son guapos, bien parecidos y se entregan a los placeres sexuales, aunque sea con sus propias criadas; son amantes de las hijas de su nodriza; los hombres recién casados; aquellos que disfrutan de días de campo y fiestas de placer; aquellos a los que celebran por ser fuertes, emprendedores y valientes; los amantes que superan a sus maridos en conocimiento y buena apariencia; aquellos con buenas cualidades, generosos y libres en sus maneras, y cuya forma de vestir y estilo de vida son magníficos.

Cuando un hombre se ha propuesto seducir a una mujer, no debe seducir a otra al mismo tiempo. Pero después de haber tenido éxito con la primera y gozado de ella durante un tiempo considerable, puede empezar a relacionarse con otra.

Las mujeres que se dejan seducir fácilmente son aquellas que se paran a las puertas de sus casas y miran fijamente y de reojo a los que van por la calle; las mujeres ociosas que pasan el rato conversando con los jóvenes vecinos; aquellas cuyos maridos han tomado otra esposa sin ninguna causa justa; las que detestan a sus maridos o estos a ellas, y que no han tenido hijos; las que no tienen nadie que las vigile o las cuide; las que gustan mucho de la sociedad y, en apariencia, se muestran muy cariñosas con todos.

Los hombres deseosos de conquistar se sienten atraídos por las esposas de los actores; las viudas jóvenes y deseables; las muchachas y mujeres pobres, y las que son demasiado aficionadas al placer; las esposas de hombres que tengan varios hermanos menores; las mujeres vanidosas; las mujeres que consideran a sus maridos inferiores a sí mismas en rango o cualidades; mujeres orgullosas de sus destrezas en las artes; mujeres que por la locura de sus maridos se sienten perturbadas; las que fueron casadas en su infancia con hombres ricos y, ahora que son mayores, sienten desagrado por ellos; las que desean hombres con un carácter, talento y sabiduría más afines con sus propios gustos; las mujeres menospreciadas por sus maridos sin ninguna causa; las que no fueron respetadas por otras mujeres del mismo rango o belleza que ellas; aquellas cuyos maridos viajan con frecuencia; las esposas de los joyeros; las mujeres celosas, codiciosas, inmorales, estériles, perezosas y voluptuosas.

También sobre este tema hay unos *shlokas*:
El deseo, que brota de la naturaleza y se incrementa por el arte, y cuya sabiduría aparta todo peligro, se vuelve firme y seguro. Un hombre inteligente, que confíe en su propia habilidad, observe con cuidado las señales significativas y los gestos de las mujeres, y logre eliminar las causas de su alejamiento de los hombres, generalmente tendrá éxito con ellas.

Un hombre inteligente, según su propia habilidad, y si observa con atención los signos y gestos de las mujeres, suele tener éxito con ellas.

Características de hombres y mujeres

Familiarizarse

परिचयकारण प्रकरण

Parichayakarana Prakarana

os antiguos sabios creían que las muchachas eran más fáciles de seducir directamente por el hombre que con mensajeras, pero las mujeres casadas, por el contrario, son más sencillas de abordar recurriendo a ellas. Para Vatsyayana, en estos asuntos un hombre siempre debe actuar por propia iniciativa, y solo cuando sea realmente imposible, se debe recurrir a las mensajeras. En cuanto a la creencia de que las mujeres que actúan y se expresan audaz y libremente deben ser ganadas por los esfuerzos personales del hombre, y las otras deben ser abordadas por mensajeras, esta es una falacia.

Un hombre siempre debe recurrir a mensajeras que lo ayuden a seducir a la esposa de otro. (Izquierda) Después de que una muchacha lo ha conocido y manifestado su amor mediante signos externos y su lenguaje corporal, el hombre debe hacer todo lo posible para conquistarla. Aquí, Krishna, el amante eterno, se esconde detrás de un árbol para presenciar los desnudos encantos de su amada.

Oportunidades de encuentro

Cuando un hombre toma la iniciativa debe, ante todo, conocer a la mujer que desea, y arreglárselas para ser visto por ella en alguna oportunidad natural o especial. La oportunidad es natural cuando uno de ellos va a la casa del otro, y una oportunidad es especial cuando se encuentran en casa de un amigo, compañero de casta, ministro o médico; o bien en ceremonias de matrimonio, ofrendas, festivales y fiestas de jardín.

Cuando se encuentren, el hombre tendrá cuidado de indicarle en qué estado se halla: debe tirar de su bigote, hacer un sonido con las uñas, tintinear sus joyas, morderse el labio inferior y otras señales similares. Cuando ella lo mire, hablará sobre ella y otras mujeres con sus amigos, y se mostrará liberal y amante del placer. Cuando esté sentado con una amiga, debe bostezar y retorcer su cuerpo, contraer las cejas, hablar lentamente como si estuviera cansado y escuchar con indiferencia. Le hará conocer su amor mediante una conversación de doble sentido con un niño o algún tercero, en la que aparentemente se referirá a otra persona, pero que estará dirigida a la mujer que ama. En el suelo debe dibujar con las uñas o con un palo señas que vayan dirigidas a ella, y debe abrazar y besar a un niño en su presencia, y darle con la lengua una mezcla de nuez y hojas de betel, presionarle el mentón con los dedos y acariciarle otras partes del cuerpo. Todo esto lo hará de manera encubierta y solo para la mujer.

El hombre acariciará al niño sentado en su regazo, le dará algo para jugar, y luego se lo quitará. Conversará con ella sobre el niño, por lo que poco a poco la irá conociendo y se hará más agradable a sus parientes. Luego, este primer encuentro debe convertirse en un pretexto para visitar su casa con frecuencia, y en tales ocasiones conversará sobre el amor cuando ella esté ausente, aunque lo bastante cerca para que pueda oírle. A medida que su intimidad vaya en aumento debe darle alguna especie de depósito o crédito, del que irá quitando una pequeña porción de vez en cuando; o puede darle

---

(Izquierda) Si ella se encuentra con él una vez, y para la siguiente ocasión aparece mejor vestida que antes, o acepta verlo en algún lugar solitario, el hombre puede estar seguro de que gozará de ella con el uso de un poco de fuerza.

algunas sustancias perfumadas, o nueces de betel para que ella las guarde. Después de esto, hará lo posible para que ella conozca bien a su propia esposa, y las persuadirá para que tengan conversaciones en confidencia y para que se sienten juntas en lugares solitarios. Con el fin de verla con más frecuencia, se las arreglará para que ambas familias tengan los mismos orfebre, joyero, cestero, tintorero y lavandero. Le hará abiertamente largas visitas con el pretexto de algún asunto que debe tratar con ella, y como un asunto puede conducir a otro, podrá mantener las relaciones entre ellos. Cada vez que ella desee algo, él le insinuará que puede ayudarla y hasta le ofrecerá dinero si lo necesita, o le enseñará tal o cual arte que ella desee aprender, ya que él cuenta con todos los medios para esto. Cuando estén acompañados, conversarán de lo que han hecho y dicho otras personas, o él le mostrará sus joyas y piedras preciosas, para que ella sea consciente del valor que pueden tener, y si ella lo contradice acerca de esto, él debe darle la razón en todo.

Obsequios y regalos

Después de que una muchacha se ha familiarizado con el hombre y le ha manifestado su amor mediante distintas señales externas y su lenguaje corporal, el hombre debe hacer todo lo posible para conquistarla. Pero, como la mayoría de las muchachas no tienen experiencia en la unión sexual, deberá tratarla con delicadeza y tendrá que proceder con grandes precauciones; aunque en el caso de las mujeres acostumbradas a las relaciones sexuales esto no es necesario. Cuando esté seguro de las intenciones de la muchacha y ella haya dejado de lado su timidez, el hombre comenzará a regalarle ropa, anillos y flores, de los que tendrá cuidado de que sean objetos bellos y valiosos. A cambio, recibirá de ella una mezcla de nuez y hojas de betel y, si él tiene que ir a una fiesta, le pedirá a la muchacha la flor que lleve en los cabellos o en sus manos. Si él le da una flor, debe ser una con mucho perfume, a la cual le hará marcas con sus uñas o dientes. De forma progresiva, debe disipar sus temores y, poco a poco, persuadirla de que vaya con él a un lugar solitario, y una vez allí abrazarla y besarla. Y finalmente, cuando le entregue una nuez de betel, o reciba una de ella, o intercambien flores, debe tocar y presionar sus partes íntimas, excitarla físicamente y dar a sus esfuerzos un clímax satisfactorio.

Una a la vez

Cuando un hombre se ha propuesto seducir a una mujer, no debe intentar seducir a otra al mismo tiempo. Pero después de haber tenido éxito con la primera y gozado de ella durante un tiempo considerable, puede mantener sus afectos a través de regalos y luego empezar a relacionarse con otra. Cuando vea que el marido de esa mujer va a un lugar cerca de su casa, no debe gozar de la mujer, a pesar de que en ese momento pueda convencerla fácilmente. Un hombre sabio que cuide su reputación no debe pensar en seducir a una mujer que es aprensiva, tímida, que no es de fiar o que está muy bien vigilada, o peor, que la vigilen sus suegros.

Mientras las gopis se bañan desnudas en el río, el travieso Krishna ha huido con sus ropas y se ha subido a un árbol. Cuando, después de suplicar, pedir y apelar, no logran que se las devuelva, se ven obligadas a dejar de lado su vergüenza y modestia y trepar al árbol en su persecución. (Izquierda) Un joven sadhu (hombre santo), ya desesperado, no puede evitar jugar con los encantos de una seductora que está disponible.

Determinar las emociones

भावपरिक्षा प्रकरण

Bhavapariksha Prakarana

Cuando un hombre está tratando de conquistarla, debe examinar el estado de la mente de la mujer y poner a prueba su conducta; si ella lo escucha, pero no manifiesta sus propias intenciones, entonces él debe tratar de conquistarla por medio de una celestina.

Conquistar a la mujer

Si se ven una vez y ella vuelve a encontrarse con él, pero mejor vestida que antes, o se cita con él en algún lugar solitario, él puede estar seguro de que, con el uso de un poco de fuerza, podrá gozar de ella. Una mujer que deja que un hombre la corteje, pero no termina de entregarse incluso después de mucho tiempo, debe ser considerada una tramposa en el amor; sin embargo, debido a la inconstancia de la mente humana, incluso una mujer así puede ser conquistada al mantener siempre estrechas relaciones con ella.

(Izquierda) Con un deseo cada vez mayor, el hombre debería disipar los temores de ella, y poco a poco persuadirla de que lo acompañe a un lugar solitario, y allí abrazarla y besarla. Y finalmente tocará y presionará sus partes íntimas, lo que la despertará físicamente, y llevará los esfuerzos de él a un clímax satisfactorio.

Cuando una mujer ignora las atenciones de un hombre y, bien sea por respeto a él, bien sea por orgullo propio, no se encuentra con él ni se le acerca puede ser conquistada, aunque con dificultad, ya sea manteniendo una relación cercana con ella o a través de una mediadora inteligente.

Una mujer que repudie al hombre con palabras duras debe ser abandonada de inmediato, pero a una mujer que lo rechaza y al mismo tiempo le demuestra afecto, él debe hacerle el amor de todas las maneras.

Una mujer que se encuentra con un hombre en un lugar apartado y que permite que la toque con su pie, pero finge ignorarlo debido a su indecisión, debe ser conquistada con paciencia y esfuerzo continuo. Si ella se va a dormir cerca de él, el hombre pondrá su brazo izquierdo alrededor de ella y así, cuando despierte, observará si en verdad lo rechaza o solo está fingiendo, pero realmente desea que lo haga de

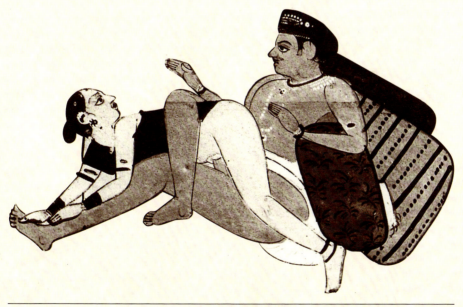

La posición invertida le permite al hombre darle una nalgada al atractivo trasero de su amante. (Izquierda) Si una mujer que el rey desea está viviendo con un hombre que no es su marido, el rey debe hacerla arrestar, convertirla en esclava a causa de su crimen y ponerla en custodia. O debería hacer que su embajador se pelee con el marido de la mujer, encarcelarla como la esposa de su enemigo y, por este medio, incorporarla a la estancia interior real.

nuevo. Y lo que se hace con el brazo también se puede hacer con el pie. Si el hombre tiene éxito en esto, debe abrazarla con mayor fuerza, y si ella se levanta y se va, pero se comporta con él como de costumbre al día siguiente, ha de considerar que solo está renuente. Sin embargo, si ella no vuelve a aparecer, el hombre tratará de conquistarla por medio de una celestina; y si, después de haber desaparecido durante algún tiempo, ella viene de nuevo y se comporta como de costumbre, el hombre debe entonces considerar que no se opondría a unirse a él.

Una mujer dispuesta

Cuando una mujer le da a un hombre una oportunidad y le manifiesta su propio amor, este ha de gozar de ella. Ella le haría saber esto por medio de ciertas señales: lo llamaría sin que él le hablara antes; en cuanto tuviera la oportunidad, ella le expondría las partes erógenas de su cuerpo en lugares secretos; le hablaría temblando y con palabras entrecortadas, su cara brillaría con gotas de sudor; masajearía su cuerpo y presionaría su cabeza; al darle masajes usaría una sola mano, y con la otra, tocaría y abrazaría las partes secretas de su cuerpo.

A veces pondría ambas manos y permanecería inmóvil como si hubiera sido descubierta en medio de algo grave o como si estuviera fatigada. A veces también inclinaría el rostro sobre los muslos del hombre y, cuando él le pidiera que los masajeara y acariciara, no se negaría. Después colocaría una de sus manos sobre su cuerpo y la dejaría inmóvil, y no la retiraría, aunque el hombre la oprimiera entre dos de sus miembros. Por último, cuando

---

La celestina debe hablar con la mujer acerca de lo débil que es la pasión de su marido, sus celos, su picardía, su ingratitud, su aversión a los placeres, el aburrimiento que produce, su mezquindad, y todos los otros defectos que ella pueda conocerle. (Izquierda) Él debe visitar su casa con frecuencia con el pretexto de llevar a cabo algunos asuntos, y en tales ocasiones debe conversar sobre temas de amor. Un asunto puede llevar a otro, para así mantener la relación entre ellos

ella ha resistido todos los esfuerzos del hombre por conquistarla, volvería a él al día siguiente para masajear su cuerpo de nuevo.

Cuando una mujer no alienta a un hombre, ni tampoco lo evita, sino que se aísla, debe ser abordada a través de su criada. Si actúa de la misma manera cuando el hombre la llama, entonces se puede probar con una celestina más hábil. Pero si no tiene nada que decir al hombre, él debe reconsiderar antes de continuar tratando de conquistarla.

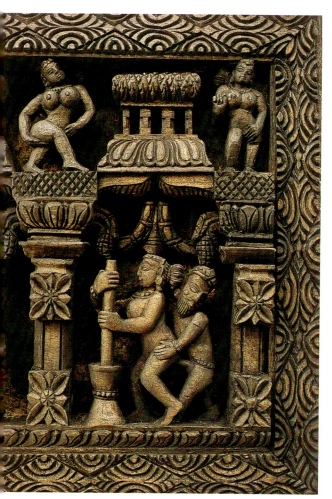

Algunos *shlokas* sobre este asunto establecen:

Un hombre debe ser el primero en presentarse a una mujer y luego mantener una conversación con ella. Debe darle pistas de su amor por ella, y si descubre por sus respuestas que ella recibe estas sugerencias de manera favorable, entonces debe ponerse manos a la obra para conquistarla sin ningún temor. Una mujer que en su primer encuentro muestra su amor por el hombre mediante signos externos, podrá ser conquistada con mucha más facilidad. De la misma manera, una mujer lasciva, que cuando se le habla con palabras amorosas responde abiertamente con palabras que expresan su amor, se considerará que ha sido conquistada en ese mismo momento. Con respecto a todas las mujeres, ya sean sensatas, simples o confidentes, se establece la regla de que aquellas que manifiestan de forma abierta su amor serán conquistadas con facilidad.

El hombre impaciente aprovecha la oportunidad y se acerca por detrás a su mujer, quien continúa moliendo especias sin parar.

Deberes de una celestina

दूतीकर्म प्रकरण

Dootikarma Prakarana

Si una mujer ha manifestado su amor o deseo, ya sea por medio de signos o por su lenguaje corporal, y luego rara vez o casi nunca se deja ver, o si se trata de una mujer a la que apenas conoce, el hombre debe conseguir una amiga inteligente para acercarse a ella.

Comportamiento de una celestina

La amiga, después de haberse ganado la confianza de la mujer tratará, mediante su ingeniosa conversación, que esta desprecie a su marido; debe hablarle de medicamentos para tener hijos, hablarle de otras personas, recitar cuentos de diversos tipos e historias sobre las esposas de otros hombres; alabar su belleza, sensatez, generosidad y buena naturaleza, y luego decirle: "Es una pena que usted, que es una mujer tan excelente en todos los sentidos, deba ser dominada por un marido de ese tipo. Bella dama, él ni siquiera está en condiciones de servirle". La celestina también hablará con la mujer acerca de la débil pasión de su marido, sus celos, picardía, ingratitud, aversión al placer, el aburrimiento que produce, mezquindad, y todos los otros defectos que ella pueda conocer. En particular, debe hacer hincapié en la falta o defecto que parezca afectar a más a la esposa. Si la esposa es una

mujer ciervo y el marido un hombre liebre, entonces no habría nada que decir; pero si él es un hombre liebre y ella una mujer yegua o elefante, entonces esta falta debe señalársele.

Gonikaputra considera que cuando se trata de la primera aventura de la mujer, o cuando su amor solo se ha mostrado en secreto, el hombre debe enviar una celestina a la que ya conozca y en la cual confíe.

La celestina le hablará a la mujer acerca de la obediencia y el amor del hombre y, a medida que su confianza y afecto aumenten, le explicará su misión de la siguiente manera: "Escuche esto, oh hermosa dama, que este hombre, nacido de una buena familia, al haberla visto se ha vuelto loco por su culpa. El pobre muchacho tiene una naturaleza tierna y se encuentra en tal angustia, que es muy probable que sucumba a su aflicción y experimente los dolores de la muerte". Si la mujer escucha con una atención favorable y la celestina observa un buen ánimo en su rostro, ojos y conversación, entonces al día siguiente volverá a mencionar al hombre y le contará las historias de Ahalya e Indra, Shakuntala y Dushyanta, y otros cuentos parecidos. También debe ensalzar la fuerza del hombre, sus talentos, su destreza en las sesenta y cuatro artes mencionadas por Babhravya, su buena apariencia y su relación con alguna mujer digna de elogio, aunque esto no sea cierto.

Dominadas por el deseo, las vaqueras se arremolinan y desvanecen alrededor de Krishna. (Izquierda) Cuando la mujer manifieste su amor, la celestina debe aumentarlo trayéndole muestras de amor del hombre, exaltando sus buenas cualidades y contándole historias sobre el amor que siente por ella.

Comportamiento de la mujer con la celestina

Además, la celestina debe observar cuidadosamente el comportamiento de la mujer. Si le es favorable, debe dirigirse a ella con una mirada sonriente, sentarse cerca de ella y preguntarle: "¿Dónde ha estado? ¿Qué ha estado haciendo? ¿Dónde ha cenado? ¿Dónde ha dormido? ¿Dónde ha estado sentada?". La mujer también se encontrará con la celestina en lugares apartados y le contará sus historias, bostezará contemplativamente, lanzará largos suspiros, le dará regalos, le recordará algún festival, la despedirá con el deseo de verla de nuevo, y le dirá en tono de broma: "Oh, mujer bien hablada, ¿por qué me dice esto?". Debe hablarle sobre el pecado de tener relaciones con aquel hombre, quedarse callada acerca de las visitas o conversaciones que haya podido tener con él, pero deseará que se le pregunte acerca de esto, y por último, debe reírse del deseo del hombre, pero sin llegar a reprocharle.

Llevar muestras de amor

Cuando la mujer manifieste su amor tal como se acaba de describir, la celestina deberá aumentarlo llevándole muestras del amor del hombre. Pero si la mujer no lo conoce bien personalmente, la celestina debe conquistarla ensalzando sus buenas cualidades y contando historias sobre su amor por ella. Auddalaka dice que cuando un hombre y una mujer no se conocen en persona y no se han mostrado signos de afecto mutuo, el empleo de una celestina no es de mucha utilidad. Babhravya, por otra parte, afirma que, a pesar de que no se conozcan en persona, si se han mostrado signos de afecto es oportuno recurrir a una celestina. Gonikaputra afirma que se debe recurrir a una celestina si ya se conocen, a pesar de que no haya signos de afecto entre ellos. Por su parte, Vatsyayana sostiene que, a pesar de que no se conozcan en persona y no hayan demostrado signos de afecto, aun así ambos pueden poner su confianza en una celestina.

La celestina debe llevar a la mujer la nuez y las hojas de betel, los perfumes, las flores, los anillos y otros regalos que el hombre puede haberle entregado para ella, y en los que dejará impresas las marcas de los dientes y las uñas, junto con otros signos. En la ropa que puede enviarle debe dibujar con azafrán sus dos manos unidas como en ardiente plegaria.

La celestina también debe mostrar a la mujer figuras ornamentales de diferentes clases recortadas en hojas, así como adornos para las orejas y coronas de flores que contengan cartas de amor que expresen el deseo del hombre, y además la persuadirá de enviar a cambio regalos afectuosos para el hombre. Una vez aceptados estos regalos por una y otra parte, entonces la celestina debe organizar una cita entre ellos.

Una celestina puede aumentar la enemistad entre dos amantes si así lo desea, o exaltar la belleza de cualquier mujer que ella desee alabar. También puede hablar muy bien de la habilidad de un hombre en el goce sexual y del deseo de otras mujeres, más hermosas incluso que la mujer a la que se dirige. (Izquierda) Si el marido es un hombre liebre y la esposa una mujer yegua o mujer elefante, entonces la celestina que envía el amante debe señalar esta falta.

Lugares adecuados para citarse

Los seguidores de Babhravya dicen que esta cita debe tener lugar en el templo, o en ferias, fiestas en el jardín, representaciones teatrales, matrimonios, sacrificios, festivales, incluso cuando vayan al río a bañarse, o bien en momentos de calamidades naturales, de miedo a ladrones o invasiones hostiles. Sin embargo, Gonikaputra opina que estas citas deben tener lugar en las moradas de las amigas, de mendicantes, astrólogos y ascetas. Pero Vatsyayana afirma que el único lugar adecuado para tal propósito es uno que tenga una forma efectiva de entrar y salir, y donde se han hecho arreglos para evitar cualquier incidente, y en el que el hombre una vez haya entrado en la casa también pueda salir sin ningún encuentro desagradable.

Diferentes tipos de mensajeras

Las celestinas o mensajeras son de los siguientes tipos: una mujer que, al observar la pasión mutua entre un hombre y una mujer, los reúne con el poder de su propio intelecto, se denomina **una celestina que toma sobre sí toda la carga**. Este tipo de celestina se emplea sobre todo cuando el hombre y la mujer ya se conocen y han conversado entre ellos; en tales casos, a ella no solo la envía el hombre, así como se hace en todos los otros casos, sino también la mujer. Este nombre también se le da a una celestina que, al percibir que un hombre y una mujer son adecuados el uno para el otro, intenta unirlos, a pesar de que no se conozcan todavía.

Una persona que, al percibir que el asunto ya ha comenzado, o que el hombre ya ha hecho avances, se encarga de completar la unión, se denomina **una celestina con poderes limitados**.

Una celestina que simplemente lleva mensajes entre un hombre y una mujer que se aman, pero que no pueden encontrarse con frecuencia,

---

(Izquierda) Las mujeres de ciudades y pueblos por lo general visitan las estancias de las damas reales, ya que las conocen, y pasan la noche en medio de conversaciones, deportes y diversiones. En tales ocasiones, una criada del rey, que conozca a la mujer que el rey desea, debe merodear y abordarla cuando se disponga a regresar a casa, y más bien llevarla con el rey.

se denomina una portadora de carta. También se le da este nombre a la que es enviada por cualquiera de los amantes para informar al otro de la hora y el lugar de su cita.

Una mujer que va al encuentro de un hombre y le dice que ha disfrutado en un sueño de la unión sexual con él, que le expresa su ira porque su esposa lo reprendió por llamarla con el nombre de su rival, que le da un objeto con las marcas de sus dientes y uñas, que le informa que ella sabe que desde hace tiempo él la desea, y que le pregunta en privado si ella o su esposa es más guapa, es una celestina por cuenta propia. Tal mujer debe ser recibida por el hombre en privado y en secreto.

También se le da este nombre a una mujer que, después de aceptar hacer de celestina para alguna otra mujer, conquista al hombre para sí misma y, por lo tanto, hace que la otra mujer fracase. Lo mismo se aplica a un hombre que, después de aceptar hacer de celestino para otro y sin conocer previamente a la mujer, la conquista para sí mismo, lo que conlleva al fracaso del otro hombre.

Una mujer que se gana la confianza de una inocente joven esposa, aprende sus secretos sin coerción alguna, descubre cómo se comporta su marido y luego le enseña el arte de asegurar su favor, ya sea mediante adornos para mostrar su amor, o bien enseñándole cómo y cuándo estar enojada, o fingir que lo está, y luego de haber hecho ella misma marcas de uñas y dientes en el cuerpo de la esposa, consigue que mande a llamar a su marido para mostrarle estas marcas y excitarlo, este tipo de mujer se denomina celestina de una joven inocente. En tales casos, el hombre debe responderle a su esposa a través de la misma mujer.

Cuando un hombre hace que su propia esposa se gane la confianza de una mujer a la que él quiere poseer, y se la envía para que le hable de su sensatez y habilidad, se habla de una esposa que sirve de celestina. En este caso, los sentimientos de la mujer con respecto al hombre también deben darse a conocer a través de la esposa.

Si un hombre envía una muchacha o una criada a una mujer con un pretexto u otro, y le esconde una carta en un ramo de flores, o en los adornos de la oreja, o le hace alguna marca con sus dientes o uñas, esa mensajera se denomina una celestina muda. En este caso, el hombre debe esperar una respuesta de la mujer a través de la misma persona.

Una persona que lleva a una mujer un mensaje con un doble significado, o uno que se relaciona con algunos sucesos del pasado, o que sea ininteligible para los demás, recibe el nombre de celestina experta en el arte de los códigos secretos. En este caso, la respuesta debe obtenerse a través de la misma persona.

El nayaka *entra en el palacio disfrazado de guardia y confronta a su amada, que es una de las mujeres del harén del rey. A pesar de que conozca la entrada secreta del harén, solo debe entrar si conoce una manera segura de salir. (Izquierda) Al doblar sus piernas hacia arriba, la* nayika *le permite a su amante una entrada desde abajo.*

Deberes de una celestina 219

Hay algunos *shlokas* sobre el tema:

Una astróloga, una criada, una mendiga y una artista están muy al corriente del oficio de celestina, y muy pronto consiguen ganarse la confianza de otras mujeres. Cualquiera de ellas puede agravar la enemistad entre dos personas cualesquiera si así lo desea, o exaltar la belleza de cualquier mujer que ella desee alabar, o describir las artes practicadas por otras mujeres en la unión sexual. También pueden hablar muy bien del amor de un hombre o de su destreza en los placeres sexuales, y del deseo que por él tienen otras mujeres, más hermosas incluso que la mujer a la que se dirige, y explicar las dificultades bajo la cuales puede encontrarse en su casa.

Por último, una celestina, por el ingenio de su conversación, puede unir a una mujer con un hombre, a pesar de que esta no haya pensado en ello, o que el hombre la haya considerado más allá de sus aspiraciones. También puede traer de vuelta a un hombre que, debido a alguna causa u otra, se haya separado de una mujer.

La nayika se balancea en los brazos de su amante mientras él juega con sus dos pezones.

Conducta de un rey

ईश्वरकामित प्रकरण

Ishwarkamita Prakarana

os reyes y sus ministros no tienen acceso a las moradas de otros, y su modo de vida es constantemente vigilado, observado e imitado por su gente, así como el mundo animal sigue al sol, levantándose al amanecer y retirándose cuando este se pone al atardecer. Las personas con autoridad, por lo tanto, no deben cometer ningún acto impropio en público, ya que esto merecería censura. Pero si les parece que tal acto es absolutamente necesario, deben utilizar los medios adecuados, tal como se describen aquí.

Seducción por hombres de rango inferior

El jefe de la aldea, el oficial del rey nombrado allí, y el espigador de maíz pueden conquistar a las aldeanas simplemente pidiéndoselo; a estas, los voluptuosos las llaman mujeres sin casta. Hay varias oportunidades para que estos hombres se unan con este tipo de mujeres: como pago por un trabajo; por llenar los graneros de sus casas; por limpiar y poner cosas dentro y fuera de las casas; por trabajar en los campos; por comprar algodón, lana, lino, cáñamo e hilo en las estaciones apropiadas; por venta e intercambio de varios otros artículos,

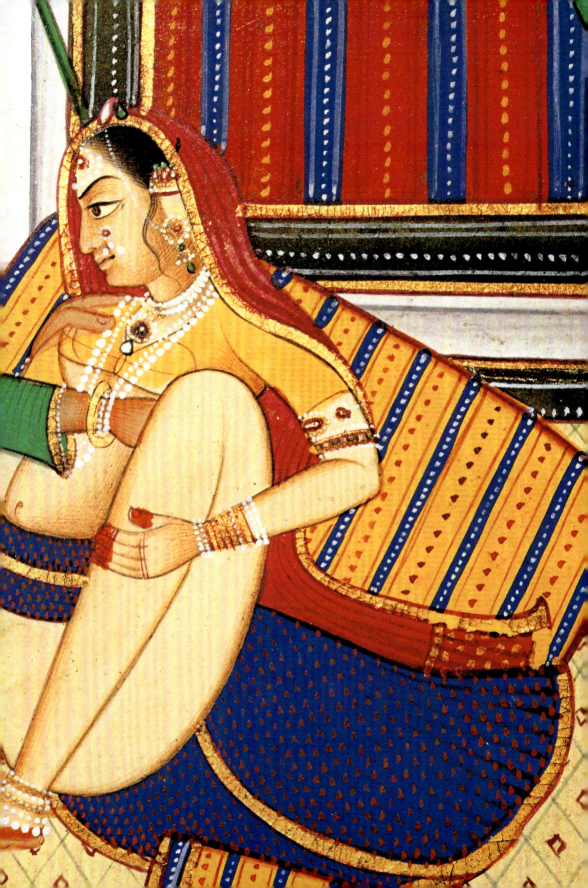

y por la realización de otras tareas. Del mismo modo, los supervisores de corrales disfrutan de las mujeres que trabajan allí; y los oficiales que se encargan de vigilar a las viudas, mujeres sin apoyo y las mujeres que han dejado a sus maridos, tienen relaciones sexuales con ellas. El oficial de la ciudad, durante sus rondas nocturnas, aprovecha su posición y puede gozar de mujeres solitarias en virtud de que conoce sus secretos. Los vigilantes de los mercados también tienen mucho que ver con las aldeanas cuando estas van a hacer compras.

Atraer a mujeres al palacio

Durante el festival de la octava luna; es decir, durante la brillante mitad del mes de *Margashirsha*, así como durante el festival de claro de luna del mes de *Kartika* y el festival de primavera de *Chaitra*, las mujeres de las ciudades y lo pueblos suelen visitar a las mujeres de la corte del rey en el palacio real. Estas visitantes entran en las estancias de las damas reales, ya que las conocen, y pasan la noche conversando, practicando deportes y divirtiéndose, y regresan a casa por la mañana. En tales ocasiones, una criada del rey, que ya conocerá a la mujer que el rey desea, merodeará y la abordará cuando esta se disponga a irse a casa, y la invitará a regresar al palacio. Incluso antes de estos festivales, debería haberle comentado a la mujer que en esta ocasión le mostraría todas las cosas interesantes del palacio real. En efecto, le mostrará las trepadoras en la casa del jardín, el piso con incrustaciones de mármol, las parras de uvas, el pabellón en el agua, los pasajes secretos, las pinturas, los animales de caza, las aves y las jaulas de leones y tigres. Después de esto, cuando esté sola con ella, luego de una estricta promesa de secreto, le contará sobre el amor que siente el rey por ella y la buena fortuna que le sobrevendrá por su unión con él. Si la mujer no

---

(Páginas 222–223) El rey se deleita en la unión sexual en posición sentada con una de las mujeres de su harén. El deseo mutuo de la pareja es evidente por la forma en que él sofoca sus senos con ambas manos y la forma en que ella sostiene su lingam *para una entrada guiada. (Izquierda) Radha y Krishna en un coqueteo acogedor, en medio de una profusión de flores de loto.*

acepta la oferta, debe conciliar y complacerla con hermosos regalos dignos de la posición del rey y, después de acompañarla hasta una cierta distancia, la despedirá con gran afecto.

Las esposas del rey, después de conocer al marido de la mujer que el rey desea, harán que la mujer las visite en la estancia interior; en esta ocasión se enviará a una criada del rey, a la cual se ha instruido para actuar del modo apropiado.

Una de las esposas del rey enviará una doncella a la mujer que el rey desea. Esta, a su vez, intimará con ella y la persuadirá de que vaya a la morada real.

Rol de la esposa del rey

La esposa del rey invitará a la mujer que el rey desea, para que vaya al palacio real a fin de observarla practicar el arte en el que ella misma puede ser muy hábil, y así poder influenciarla para que acceda a los deseos del rey.

Una mujer deseada por el rey, y cuyo marido puede haber perdido su fortuna o puede tener algún motivo para temer al rey, debe ser apartada

por una mendicante que, en alianza con la esposa del rey, le dirá: "La esposa del rey tiene influencia sobre él y es bondadosa por naturaleza; por lo tanto, debemos acudir a ella en busca de ayuda. Yo me encargo

---

La vigorosa joven pareja se enreda durante una unión tormentosa y explosiva. (Izquierda) "Yo me encargo de los arreglos para tu entrada al palacio, y no tendrás ningún motivo para temer cualquier peligro por parte del rey". Si la mujer acepta esta oferta, la mendicante debe llevarla unas cuantas veces a la estancia interior, y la esposa del rey debe prometerle protección. Cuando la mujer, encantada con su recepción, vuelva a visitar la estancia interior, el rey puede gozar de ella.

de los arreglos para tu entrada al palacio, y no tendrás motivos para temer ningún peligro por parte del rey". Si la mujer acepta esta oferta, la mendicante debe llevarla unas cuantas veces a la estancia interior, y la esposa del rey debe prometerle protección. Cuando la mujer, encantada por la acogida, vuelva a visitar la estancia interior, el rey se aprovechará de ella.

Esta estrategia también se aplica con las esposas de los que buscan poder servir al rey, los que se ven oprimidos por los ministros del rey, los que son pobres, los que no están satisfechos con su posición, los que desean ganarse el favor del rey, los que desean ser famosos entre el pueblo, los que son oprimidos por miembros de su propia casta, los que quieren herir a sus compañeros de casta, los que son espías del rey, o los que quieren alcanzar cualquier otro objetivo.

Los poderes del rey

Si una mujer deseada por el rey vive con un hombre que no es su marido, el rey puede hacerla arrestar, volverla una esclava a causa de su crimen, y ponerla bajo custodia. O también podría ordenar que su embajador se pelee con el marido de la mujer, encarcelarla como esposa de un enemigo suyo y, de esta manera, colocarla en la estancia interior real.

Estas formas de conquistar a las mujeres casadas se practican por lo general en los palacios de los reyes. Pero un rey nunca debería entrar en la morada de otro, ya que Abhira, el rey de los kottas, fue asesinado por un lavandero mientras estaba en la casa de otro y, del mismo modo, Jayasena, el rey de los kashis, fue asesinado por el comandante de su caballería.

Pero, según las costumbres de algunos países, los reyes gozan de ciertas facilidades a la hora de hacer el amor con las esposas de otros hombres. En Andhra, las hijas del pueblo recién casadas entran en el palacio del rey con regalos al décimo día de su matrimonio y, después de haber sido poseídas por el rey, son despedidas. En la región de los vatsagulmas, las esposas de los principales ministros se acercan al rey por la noche para servirle. En Vidarbha, las hermosas esposas de los habitantes pasan un mes en la corte, con el pretexto de su afecto por el rey. En la región de los aparantakas, la gente ofrece a sus hermosas esposas como regalo a los ministros y a los reyes. Y en Saurashtra, las mujeres de la ciudad y las aldeanas entran en la estancia interior para complacer al rey.

También hay dos *shlokas* sobre este tema:
Las formas descritas anteriormente y otras similares son los medios empleados en diferentes países por los reyes con respecto a las esposas de los demás. Pero un rey que se preocupe por el bienestar de su pueblo, en ningún caso debe ponerlos en práctica. Un rey que haya triunfado sobre los seis enemigos de la humanidad: lujuria, ira, avaricia, ignorancia espiritual, orgullo y envidia, se convierte en el amo de toda la tierra.

Para una nayika *joven, ir al río a bañarse es una oportunidad ideal de apartarse del grupo y encontrarse con el amante que la espera.*

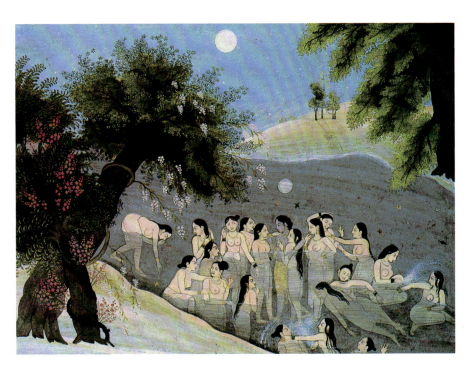

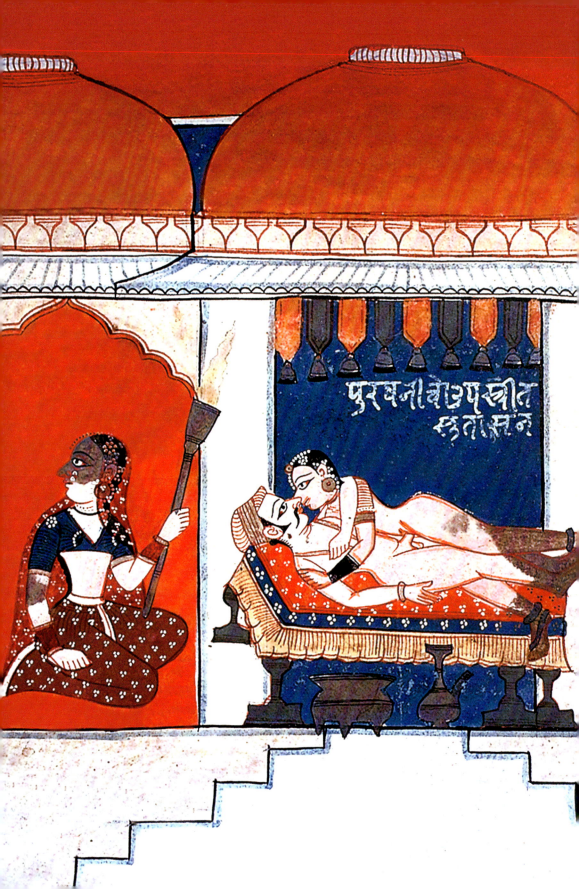

Comportamiento de las damas de la estancia interior

अन्त:पुरिकावृत्त प्रकरण

Antahpurikavritta Prakarana

as mujeres de la casa real están tan estrictamente vigiladas que no pueden ver ni encontrarse con ningún otro hombre, y tampoco tener sus deseos satisfechos, ya que su marido es común a todas ellas. De ahí que se den placer unas a otras de varias maneras.

Alcanzar el placer de varias maneras

Luego de vestir a las hijas de sus nodrizas, a sus amigas o a sus criadas como hombres, cumplen su objetivo por medio de bulbos, raíces y frutos que tienen forma de *lingam*, o bien se acuestan sobre la estatua de una figura masculina que tenga el *lingam* visible y erecto.

Algunos reyes que son compasivos, simplemente para satisfacer los deseos de sus esposas, toman o se aplican ciertos medicamentos para

(Izquierda) Una ansiosa nayika *del harén del rey ha introducido en secreto a su amante con la ayuda de su criada, y obtiene los placeres de la unión sexual al asumir el rol masculino.*

poder gozar de muchas mujeres en una noche, a pesar de que quizás no se sientan impulsados a ello. Otros gozan solo de aquellas esposas que más les gustan, mientras que otros toman a sus mujeres por turnos. Estas prácticas son frecuentes en los países orientales, y los hombres también recurren a diferentes medios de disfrute que utilizan las mujeres.

Algunos hombres que son incapaces de conseguir a una mujer satisfacen sus deseos mediante relaciones contra natura con animales como una yegua, una cabra, una perra; o con un *yoni* artificial o la figura de una mujer; así como por masturbación.

Entrada clandestina de hombres a la estancia interior

Las damas de la corte real, gracias a sus criadas, reciben en sus aposentos a hombres disfrazados de mujeres. Estas criadas y las hijas de sus nodrizas que conocen sus secretos atraen a los hombres a la estancia interior, hablándoles de la buena fortuna que les espera, de las facilidades de entrada y salida, del gran tamaño de los palacios y del descuido de los centinelas. Pero estas mujeres nunca deben inducir a un hombre a que entre en el palacio diciéndole mentiras, porque eso puede llevar a su pérdida.

El hombre mismo debe ser consciente de los numerosos desastres a los que se puede enfrentar por entrar en la casa real, por muy fácil que sea el acceso. Debe asegurarse de que haya una salida fácil, comprobar si está rodeado de jardines de placer, si tiene recintos separados, si los centinelas

---

La nayika abre sus piernas lo suficiente para recibir el enorme lingam de su amante. (Páginas 232–233) Krishna con gopis. (Izquierda) Algunos reyes que son compasivos, toman o se aplican ciertos medicamentos para poder gozar de varias esposas en una noche. Otros disfrutan solo de aquellas esposas que les gustan mucho, mientras que otros las toman por turnos. Aquí el rey y su amada adoptan una postura bastante complicada.

son descuidados y si el rey se encuentra en el extranjero. Entonces, cuando las mujeres de la corte lo llamen, debe observar de forma cuidadosa el lugar, y entrará por el camino que se le indique.

Si puede, debe merodear por el palacio todos los días, hacer amistad con los centinelas y mostrarse amable con las criadas de la corte que puedan conocer su propósito, y expresarles su pesar por no poder alcanzar el objeto de su deseo. Dejará que ellas le arreglen una celestina que tenga acceso a la estancia interior, y procurará reconocer a los emisarios del rey.

Si la celestina no tiene acceso a la corte, él debe colocarse en un lugar donde pueda ver a la dama que ama y que está ansioso por poseer. Si los centinelas del rey ocupan ese lugar, debe ir disfrazado como criada de una dama que está visitando el lugar. Cuando ella lo mire, él debe hacerle saber sus sentimientos por medio de signos y ademanes, mostrarle imágenes, cosas con doble significado, coronas de flores y anillos. Debe tomar nota cuidadosamente de la respuesta que ella le dé con palabras, signos o gestos, y luego tratar de entrar en el palacio. Si está seguro de que ella vendrá a un lugar en particular, él debe ocultarse

Una pareja real se abraza y disfruta de la actuación de la bailarina. (Izquierda) Esta postura elegante y acrobática fue probablemente ideada por el artista para divertir al rey y alabar sus habilidades, tanto en el campo de la caza como en el del amor.

allí y, en el momento oportuno, entrar con ella como uno de los guardias. También puede entrar y salir escondido en una cama plegada, o dentro de la cubierta de una cama, o hará invisible su cuerpo por medio de aplicaciones externas. Una receta para lograr esto sería: quemar el corazón de un *nakula* (mangosta de Bengala), el fruto del *tumbi* (la calabaza larga) y los ojos de una serpiente, sin dejar salir humo. Las cenizas luego serán molidas y mezcladas con agua en cantidades iguales y, al poner este compuesto en sus ojos, un hombre puede ir y venir sin ser visto. Por su parte, y los brahmanes Duyana y los tántricos prescriben otros medios de invisibilidad.

También puede entrar en la corte interior durante el festival de la octava luna en el mes de *Margashirsha* y durante los festivales de claro de luna, cuando las criadas están ocupadas o distraídas.

Sobre este tema se establecen los siguientes principios: la entrada y salida de jóvenes a los palacios suele tener lugar cuando se transportan cosas dentro y fuera del edificio, durante los festejos de bebida, cuando las criadas están en un apuro, cuando algunas damas reales están cambiando de residencia, cuando las esposas del rey van a los jardines o a las ferias, y cuando regresan al palacio o, por último, cuando el rey está lejos debido a una larga peregrinación. Las mujeres del palacio real conocen los secretos de las demás, y como tienen un objetivo común, se ayudan unas a otras. Un joven que las posea a todas ellas, y que sea común a todas, puede seguir gozando de su unión con ellas, siempre y cuando se mantenga en secreto.

Diversas costumbres y prácticas en las cortes reales

En la región de los aparantakas, las damas reales no están bien protegidas, y muchos jóvenes son

Las damas de la corte real utilizan a sus criadas para meter hombres disfrazados de mujeres en sus aposentos. Aquí, un hombre con un peinado elegante pone a la nayika en una postura invertida muy difícil. (Izquierda) Los amantes asumen su juego de amor de una manera rítmica y atlética, como un baile con movimientos elegantes.

introducidos a la corte por mujeres que tienen acceso al palacio real. Las esposas del rey de Ahira cumplen su objetivo con los centinelas del palacio, a los que llaman *kshatriyas*. Las damas reales de la región de los vatsagulmas se las arreglan para introducir en el palacio a los hombres que les interesan, junto con sus mensajeras. En Vidharba, los hijos de las esposas del rey entran cuando quieren y gozan de las mujeres, con excepción de sus propias madres. En Strirajya, las reinas son gozadas por sus compañeros de casta y sus parientes. En Gauda, las esposas reales son gozadas por brahmanes, amigos, criados y esclavos, y en Sindhudesh, por criados, hijos adoptivos y otras personas similares. En Himavata, los ciudadanos aventureros sobornan a los centinelas para entrar en la corte. En la región de los vanyas y de los kamyas, los brahmanes, con el conocimiento del rey, entran en la corte para entregar flores a las damas, conversar con ellas desde detrás de una cortina, y gozar de la unión sexual. Las mujeres en los aposentos privados del rey de los prachyas ocultan a un joven vigoroso por cada grupo de nueve o diez de ellas.

Proteger a la esposa propia

Los sabios antiguos dicen que un rey debe elegir como centinelas del palacio a hombres con bien probado desinterés en los deseos carnales. Pero tales hombres, ya sea por temor o avaricia, pueden permitir que otras personas entren a los recintos reales. Por lo tanto, Gonikaputra afirma que los reyes deben colocar a hombres que también estén libres de temores y avaricia, más allá de toda duda. Vatsyayana afirma que otras personas podrían ser admitidas en el palacio bajo la influencia del *dharma* y que, por lo tanto, los hombres seleccionados no solo deben estar libres de deseos carnales, temor y avaricia, sino que también deben ser incuestionablemente leales.

Los seguidores de Brabhravya dicen que un hombre debe hacer que su esposa se relacione con una joven que le cuente los secretos de los demás y sobre la castidad de su esposa. Pero Vatsyayana sostiene que, dado que las personas malvadas siempre tienen éxito con las mujeres, un hombre no debe permitir que su esposa inocente sea corrompida por la compañía de una mujer engañosa.

Las causas que contribuyen a la pérdida de la castidad de la mujer son: asistir a reuniones sociales; ausencia de moderación y cautela en sus relaciones con otros hombres; ausencia continua y prolongada de su marido; vivir en un país extranjero; la compañía de mujeres vagas; descuido de su marido en relación con su amor y sus sentimientos, y rivalidad con él.

Algunos *shlokas* establecen:
Un hombre inteligente, que haya aprendido de los Shastras las formas de seducir a las esposas de otros hombres, nunca es engañado por sus propias esposas. Sin embargo, nadie debe hacer uso de estas formas para seducir a las esposas de los demás, porque no siempre tienen éxito y, además, a menudo ocasionan desastres, así como la destrucción del dharma *y el* artha. *Este libro, que está destinado al bienestar de la gente, y que les enseña las maneras de proteger a sus propias esposas, no debe ser utilizado simplemente para conquistar a las esposas de los demás.*

Un príncipe y sus damas reales en un palacio de placer.

La cortesana

Engatusar al hombre indicado

Vivir como su esposa

Adquirir riqueza

Reconciliación

Ganancias especiales

Ganancias y pérdidas

Libro 6

Engatusar al hombre indicado

सहायगम्यागम्यगमनकारणचिन्ताप्रकरण

Sahayagamyagamyagamanakaranachinta Prakarana

Este libro sobre las cortesanas fue compilado por Vatsyayana a partir de un tratado escrito por Dattaka para las mujeres de Pataliputra, actual Patna, hace unos dos mil años. El trabajo de Dattaka no existe ahora, pero este resumen es muy útil.

Aunque se ha escrito mucho sobre el tema, no hay mejor descripción de la cortesana, sus pertenencias, sus ideas y el funcionamiento de su mente.

La cortesana en la antigua India

La vida doméstica y social de los primeros hindúes no estaría completa sin mencionar a la cortesana que fue reconocida como parte de la sociedad y, mientras se comportara con decencia y decoro, era considerada con cierto respeto. En Oriente nunca fue tratada con la

---

(Izquierda) El artista está siempre dispuesto a coger su pincel y retratar las muchas facetas del amor, como lo representa esta miniatura del Rajastán.

brutalidad y el desprecio comunes en Occidente, y su educación siempre fue superior a la del resto de las mujeres en Asia.

En tiempos antiguos, la bailarina y cortesana hindú bien educada, sin duda, se parecía a la hetaira de los griegos y era mucho más aceptable como compañera que las mujeres casadas o solteras de ese período. En todo momento ha habido una pequeña rivalidad entre lo casto y lo impúdico. Sin embargo, mientras algunas mujeres nacen cortesanas y siguen los instintos de su naturaleza en todas las clases de la sociedad, algunos autores han dicho, con razón, que cada mujer es por instinto coqueta y, como regla general, hace todo lo posible para agradar al sexo masculino.

Al tener coito con hombres, las cortesanas obtienen placer sexual, así como su propia manutención. Cuando una cortesana se une a un hombre por amor, la acción es natural; pero cuando recurre a él por dinero, su acción es artificial o forzada. Pero, aun así, debe comportarse como si su amor fuera natural, porque los hombres confían en las mujeres que los aman. Al mostrar su amor al hombre, ella también debe mostrarse libre de avaricia y, por el bien de su reputación, abstenerse de adquirir dinero de parte del hombre por medios ilegales.

Patrones y protectores deseables

Una cortesana, bien vestida y con adornos, debe permanecer sentada o de pie en la puerta de su casa para que los que pasan por la calle la vean, ya que ella es como un objeto expuesto a la venta. Ella debe formar amistades con aquellas personas que la puedan ayudar a apartar a los hombres de otras mujeres y unirlos a sí misma; a solucionar sus propias desgracias; a hacerse rica, y a protegerse de ser intimidada por ciertas personas con las que debe tratar. Estas personas incluirían a la guardia de la ciudad, o la policía; los oficiales de los tribunales de justicia; los astrólogos; los hombres poderosos o eruditos; los hombres interesados; los maestros de las sesenta y cuatro artes; *pithamardas, vitas, vidushakas,* los vendedores de flores, los perfumistas, los vendedores de bebidas espirituosas, los lavanderos, barberos, mendigos, y cualquier otra persona que pueda serle necesaria en su trabajo.

(Izquierda) Esta pintura pata de Orissa, del siglo XX, muestra cómo la mujer abre las piernas lo más que puede, mientras se apoya en el regazo de su amante.

Los hombres a los que debe recurrir con el propósito de ganar dinero son: hombres económicamente independientes; hombres jóvenes y guapos, hombres libres de todo lazo; aquellos hombres del rey que ocupan posiciones de autoridad; los que se hayan asegurado sus medios de subsistencia; los que disponen de fuentes de ingresos infalibles y gustan de vanagloriarse; los que tienen rasgos femeninos, pero quieren ser considerados como hombres; los que odian a sus iguales; los que son liberales por naturaleza; los que tienen influencia sobre el rey o sus ministros; los que desobedezcan a sus mayores y sean vigilados por los miembros de su casta; los hijos únicos de padres ricos; los ascetas que se encuentren interiormente atormentados por el deseo; los hombres valientes; los médicos del rey y las antiguas amistades.

Cualidades de un *nayaka* (héroe) y una *nayika* (heroína)

Se debe recurrir a aquellos que poseen excelentes cualidades, ya sea por amor o por fama. Tales hombres son de alta cuna y gran conocimiento, elocuentes y enérgicos, mundanos con hábitos ordenados, narradores, poetas, expertos en artes diversas, clarividentes con grandes mentes, dotados de perseverancia, de una firme devoción, libres de enfermedades, con cuerpos perfectos, fuertes, no entregados a la bebida, sexualmente poderosos, sociables, atractivos, muestran amor hacia las mujeres, aunque no les son totalmente devotos; tienen un medio de vida independiente y están libres de envidia y de sospecha.

La mujer también debe destacarse por las siguientes características: belleza, amabilidad, marcas corporales de buen augurio, una mente firme, aprecio por las buenas cualidades de los demás, un deseo de riqueza; deleite en la unión sexual que resulta del amor y, por lo que se

---

Cuando tienen relaciones con hombres, las cortesanas consiguen tanto placer sexual como su propio sustento. Incluso cuando aceptan a un hombre solo por dinero, deben comportarse de tal manera que su amor sea natural. (Derecha) Una cortesana no debe recurrir a un hombre que está enfermo o tiene mal aliento.

refiere al goce sexual, ser de la misma clase que el hombre. Debe mostrarse ansiosa por adquirir experiencia y conocimiento, estar libre de avaricia y disfrutar de las reuniones sociales y las artes.

Las cualidades naturales de todas las mujeres: inteligencia, un carácter alegre, buenos modales; sencillez en el comportamiento, agradecimiento; previsión; consistencia, hábitos ordenados; ausencia de mezquindad, malignidad, ira, avaricia, torpeza y estupidez; conocimiento de los *Kama Shastras*, y destreza en todas las artes.

Las cortesanas deben evitar a los siguientes hombres: un hombre desnutrido, enfermizo, afectado por parásitos, con mal aliento; uno que ame a su esposa; uno que hable con dureza, que sea desconfiado, avaro, despiadado, extremadamente tímido, engreído; un ladrón; uno al que le guste la hechicería; uno al que no le importe si lo respetan o no; uno que pueda ser corrompido por el dinero, incluso por sus propios enemigos.

Por qué las cortesanas aceptan amantes

Algunos antiguos sabios son de la opinión de que una cortesana se dirige a los hombres debido al amor, miedo, dinero, placer, venganza, curiosidad, tristeza, necesidad de relaciones sexuales constantes, obligación, deseo de fama, compasión, amistad, vergüenza, semejanza del hombre con una persona amada, por evitar el amor de alguien más, por ser de la misma clase que el hombre con respecto a la unión sexual, por vivir en el mismo lugar, por la constancia y la pobreza. Pero Vatsyayana afirma que el deseo de riqueza, la búsqueda del bienestar y el amor son las únicas causas que llevan a las cortesanas a unirse con los hombres.

Una cortesana no debe sacrificar el dinero por amor, dado que el dinero es su objetivo principal. Pero, si tiene miedo, debe tener en cuenta la fuerza y otras cualidades de su amante. A pesar de que un hombre la invite a unirse con él, ella no debe consentir de inmediato, ya que los hombres suelen despreciar aquello que se adquiere con facilidad. En tales ocasiones, la cortesana primero debe enviar a sus masajistas, cantantes

Engatusar al hombre indicado

y bufones o, en su ausencia, a los *pithamardas* o confidentes, y otros para averiguar los sentimientos y el estado mental del hombre y evaluar si es puro o impuro, si finge o no, si es capaz de apego o es indiferente, liberal o mezquino. Si entonces, a ella le gusta, debe emplear al *vita* y otras personas para atraer su atención.

En consecuencia, el *pithamarda* debe llevar al hombre a la casa de la cortesana, con el pretexto de ver las peleas de codornices, gallos y carneros; para escuchar hablar al miná o ver la práctica de algún arte; o bien puede llevar a la mujer a la morada del hombre. Después de esto, cuando el hombre haya llegado a su casa, la mujer debe darle cariñosamente un regalo para excitar su curiosidad y amor, y le dirá que fue especialmente diseñado para él. También lo divertirá narrándole historias y haciendo cosas que lo deleiten. Cuando el hombre se vaya, debe enviarle a menudo un pequeño regalo con una criada que sepa de bromas y que pueda mantener una conversación divertida. A veces, acompañada de un *pithamarda*, ella misma debe ir a verle con el pretexto de hacer negocios.

Algunos *shlokas* sobre este tema establecen:
Cuando un amante va a la morada de una cortesana, esta debe darle una mezcla de hojas y nuez de betel, guirnaldas de flores y ungüentos perfumados, y demostrarle su destreza en las artes, mientras lo entretiene con una larga conversación. También debe hacerle regalos amorosos e intercambiar sus propias cosas con las de él y, al mismo tiempo, demostrarle su experiencia en la unión sexual. Cuando una cortesana se une así con su amante, siempre debe deleitarlo con regalos afectuosos, una conversación agradable y mediante su habilidad en distintas formas de goce.

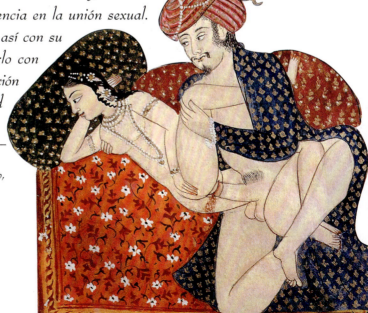

Una cortesana no debe recurrir a un hombre desnutrido, que tenga mal aliento, que hable con dureza o sea indiferente o irrespetuoso. (Izquierda) Una cortesana debe conocer muy bien las sesenta y cuatro artes, especialmente el arte de bailar y de entretener a sus admiradores.

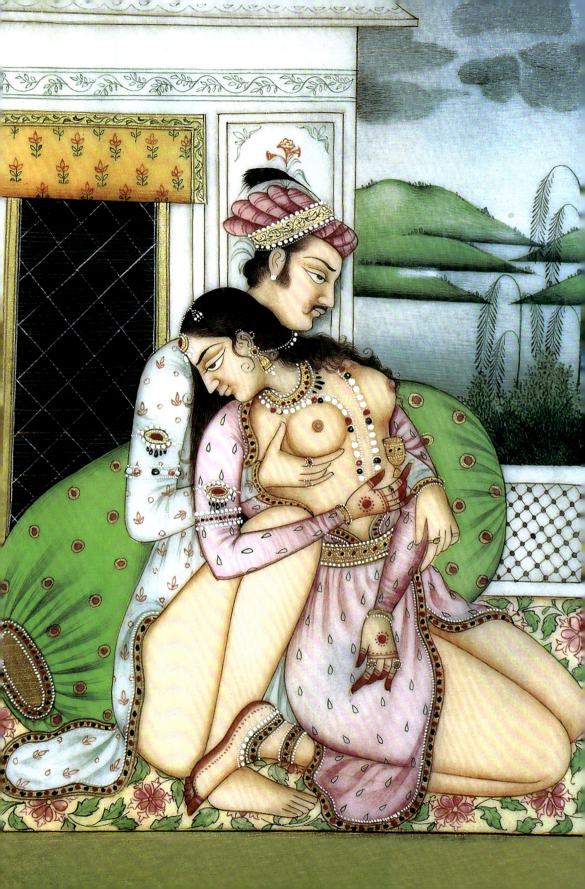

Vivir como su esposa

कान्तावृत्तप्रकरण

Kantavritta Prakarana

Cuando una cortesana vive con su amante como si fuera su esposa, debe comportarse como una mujer casta y satisfacerlo en todo. Su deber es darle placer, pero es preciso que ella no se apegue a él, aunque pretenda estarlo.

Para lograr esto debe tener una madre que dependa de ella, una que sea dura y que vea el dinero como su principal objetivo en la vida. Si no tiene madre, entonces este papel lo debe desempeñar una vieja nodriza que sea de confianza. La madre o la nodriza mostrará su disgusto ante el amante y, por la fuerza, apartará a su hija de él. A este respecto, la mujer misma, en compañía del *pithamarda*, siempre debe fingir ira, abatimiento, temor y vergüenza, pero no debe desobedecer a la madre o a la nodriza en ningún momento.

Ganarse el favor del amante

Ella debe decirle a su madre o nodriza que el hombre está enfermo, y con este pretexto ir a visitarlo. También debe cumplir los siguientes pasos para ganarse su favor: mandar a su criada a buscar las flores que

---

(Izquierda) Una cortesana debe ser hermosa, amable, tener marcas corporales de buen augurio, una mente firme, deseo de riqueza y también debe disfrutar de la unión sexual.

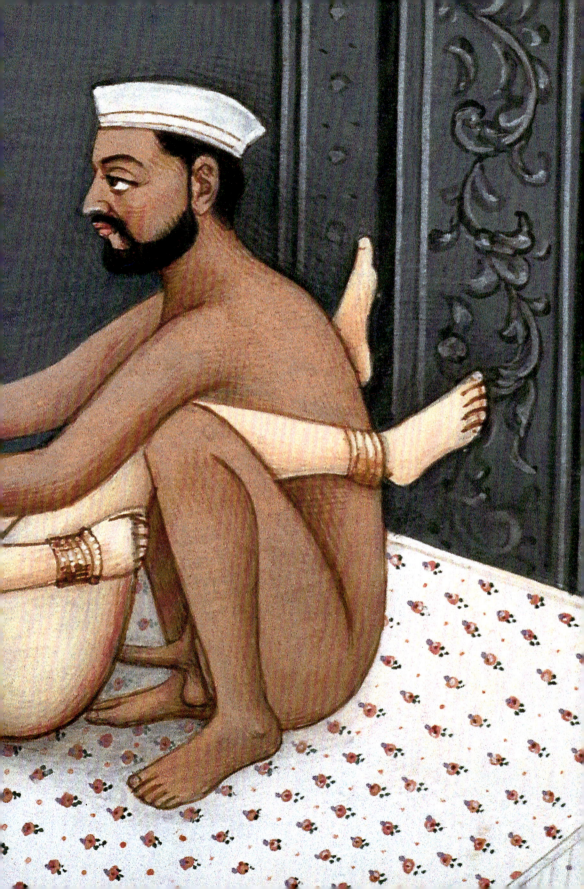

le enviaron a él el día anterior, y usarlas ella misma como signo de afecto, así como la mezcla de nuez y hojas de betel que él no se haya comido; expresar sorpresa ante su conocimiento de las relaciones sexuales y los diversos modos de goce; aprender de él las sesenta y cuatro clases de placer descritas por Babhravya; practicar continuamente las formas de disfrute que a él le gustan; guardar sus secretos; confiarle sus propios deseos y secretos; disimular su ira; nunca descuidarlo en la cama cuando él se vuelva hacia ella; tocarlo donde él quiera; besarlo y abrazarlo cuando esté dormido; mirarlo con aparente ansiedad cuando esté perdido en sus pensamientos; no mostrar ni total desvergüenza ni excesiva timidez cuando el se encuentre con ella, o cuando desde la calle la vea parada en la terraza de su casa; odiar a sus enemigos y amar a los que le son queridos.

(Páginas 254–255) Cuando una cortesana vive con su amante como una esposa, debe comportarse como una mujer casta y hacer todo lo que pueda para su satisfacción. Su obligación es darle placer, pero ella no debe apegarse a él, aunque puede pretender estarlo. (Izquierda y abajo) El joven está completamente obsesionado por su hermosa y hábil cortesana, quien, con sus muestras de amor y su conocimiento de las sesenta y cuatro clases de placeres que aprendió de los Kama Shastras, lo ha conquistado por completo.

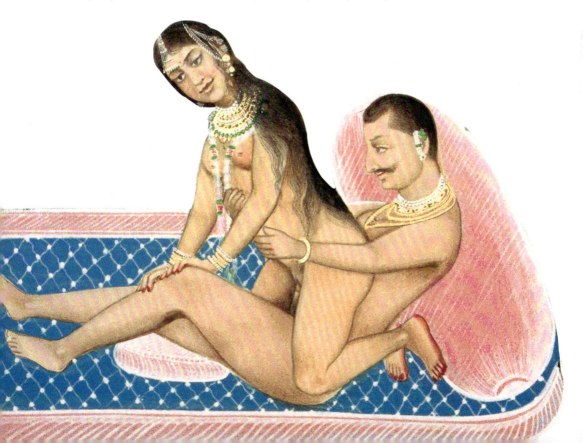

Debe coincidir con el temperamento de él y estar de buen o mal humor según su estado de ánimo; expresar el deseo de ver a sus esposas; contener su ira; simular la sospecha de que las marcas y rasguños que ella misma le ha hecho en su cuerpo con las uñas y los dientes fueron hechas por otra mujer; demostrar su amor a través de actos, signos y sugerencias; guardar silencio cuando esté dormido, embriagado o enfermo; estar atenta cuando él describa sus buenas acciones, y después repetirlas para su alabanza y beneficio; responderle con ingenio cuando ya lo vea lo suficientemente apegado a ella; escuchar todas sus historias, excepto las que se refieran a sus rivales; expresar su abatimiento y tristeza si él suspira, bosteza, o se desvanece; desearle una larga vida cuando estornude; pretender estar enferma, o expresar el deseo de quedar embarazada.

La cortesana también debe abstenerse de alabar a cualquier otra persona, o de censurar a aquellos que tengan los mismos defectos que su amante; abstenerse de usar sus propios adornos y dejar de comer cuando él se muestre adolorido, enfermo, desalentado, o sufra alguna pena. Por el contrario, debe consolarlo y lamentarse con sus aflicciones; pedirle que la lleve si abandona el país o si el rey lo destierra; expresar el deseo de no sobrevivirle; decirle que el único objeto y deseo de su vida es estar unida a él; ofrecer a la deidad los sacrificios prometidos cuando él consiga riquezas, o se le cumpla algún deseo, o se recupere de una enfermedad o dolencia; llevar adornos todos los días; actuar con circunspección; recitar su nombre y el de su familia en sus canciones; poner su mano en su espalda, pecho y frente, y dormirse después de sentir el placer de su tacto; sentarse en su regazo y quedarse dormida de esta manera.

La tímida heroína esconde sus pechos con sus largos bucles oscuros. (Izquierda) La mujer, apoyada en los fuertes brazos de su amante, se coloca en la posición de la unión suspendida y con habilidad empuja hacia adelante para darle el máximo placer.

Votos, ayunos y oraciones

Para disuadirlo de que haga votos y ayunos, debe decirle: "Que el pecado caiga sobre mí", pero observar con él los votos y ayunos si le resulta imposible cambiar de opinión. Cuando tengan una discusión sobre esto, debe insistir en que los votos son difíciles de cumplir, incluso para ella. Se ocupará de su propia riqueza y la de él sin distinción alguna; debe abstenerse de aparecer sin él en las reuniones públicas y acompañarlo cuando él vaya; se complacerá en utilizar las cosas que él haya usado antes y en comer lo que él haya dejado; respetará a su familia, carácter, habilidad en las artes, conocimiento, casta, complexión, lugar de nacimiento, amigos, buenas cualidades, edad y dulce temperamento; le pedirá que cante y que haga otras cosas similares si él puede; acudirá a él sin importarle el miedo, frío, el calor o la lluvia; le dirá que, incluso en el otro mundo, ella debe ser su amante; adaptará sus propios gustos, carácter y acciones a los de él; debe abstenerse de brujerías; discutirá continuamente con su madre acerca de las visitas que le hace y, si su madre por la fuerza la lleva a otro lugar, la amenazará con tomar veneno, morir de hambre, apuñalarse o ahorcarse; por último, a través de sus agentes, le dará seguridad al hombre sobre su constancia y amor y, aun cuando esté recibiendo dinero, evitará cualquier disputa financiera con su madre.

Cuando el hombre emprenda un viaje, ella le hará jurar que volverá rápido, y durante su ausencia cumplirá sus votos de adoración a la deidad y no llevará ningún adorno, excepto los que sean de buen augurio. Si su regreso se dilata, ella debe tratar de conocer la fecha de su retorno a través de presagios, las indicaciones de la gente y las posiciones de los planetas, la luna y las estrellas. Con ocasión de alguna diversión y de algún sueño auspicioso, ella debe decir: "Déjenme pronto unirme a él". Si se siente melancólica o ve algún presagio desfavorable, debe realizar algún rito para apaciguar a la deidad.

Cuando el hombre haya regresado a casa debe adorar a Kamadeva, dios del amor, llevarles ofrendas a otras divinidades y, con una olla

---

(Izquierda) Los dos rishis en cargos de alto poder comparten los encantos de una cortesana rolliza y hábil. A veces, por su seguridad y su futuro, una cortesana debe ser generosa con los hombres que pertenecen a posiciones altas.

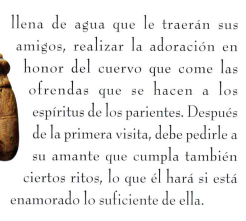

llena de agua que le traerán sus amigos, realizar la adoración en honor del cuervo que come las ofrendas que se hacen a los espíritus de los parientes. Después de la primera visita, debe pedirle a su amante que cumpla también ciertos ritos, lo que él hará si está enamorado lo suficiente de ella.

Amor genuino

Se dice que un hombre está suficientemente enamorado de una mujer cuando su amor se muestra desinteresado; y desea lo mismo que su amada; cuando está libre de cualquier sospecha sobre ella; y cuando, en lo que a ella respecta, es indiferente al dinero.

Estas son las maneras que guarda una cortesana que vive con un hombre como su esposa, y se presentan aquí como guía a partir de las reglas de Dattaka. Cualquier cosa que no se establezca aquí se debe practicar de acuerdo con las costumbres y la naturaleza de cada individuo.

Dos *shlokas* sobre el tema explican:

Se desconoce el alcance del amor de las mujeres; ni siquiera aquellos que son objeto de su afecto lo saben, debido a su sutileza, así como también a la avaricia y la inteligencia natural de la mujer.

Casi nunca resulta posible conocer a las mujeres en su verdadera luz; pueden amar a los hombres o volverse indiferentes ante ellos; darles placer o abandonarlos, e incluso despojarlos de toda la riqueza que puedan poseer.

Adquirir riqueza

अर्थागमोपायप्रकरण

Arthagamopaya Prakarana

l dinero de un amante se obtiene ya sea por medios naturales y legales o a través de artimañas. Los antiguos sabios aconsejaron que, si una cortesana puede conseguir abundante dinero de su amante, ella no debe hacer uso de artimañas. Pero Vatsyayana afirma que, aunque ella puede obtener algo de dinero de él por medios naturales, cuando recurre a artimañas él le dará el doble y, por lo tanto, se debe recurrir a este medio para sacarle todo el dinero posible.

Conseguir dinero con artimañas

Las artimañas para conseguir dinero de un amante son: pedirle dinero para comprar adornos, comida, bebida, flores, perfumes y ropa, pero no comprarlos o comprarlos a un costo mucho menor; alabar su inteligencia en su cara y, por lo tanto, obligarlo a que dé regalos en ocasiones festivas relacionadas con los votos, la adoración de árboles, fiestas en el jardín, fiestas del templo y Holi (festival de los colores);

(Izquierda) Una cortesana nunca debe perder de vista su objetivo principal, el cual es adquirir dinero de un amante, ya sea por medios legales o por artimañas.

pretender que las joyas le han sido arrebatadas a la fuerza, bien sea por los guardias del rey o por ladrones cuando se dirigía a la casa de él; alegar que sus pertenencias han sido destruidas por el fuego debido a la negligencia de sus criados; fingir que perdió tanto sus adornos como los de él; comunicarle a través de otras personas los gastos que le ha ocasionado visitarlo; contraer deudas en su nombre; pelearse con su madre por algún gasto que haya hecho para él; no asistir a fiestas en las casas de sus amigos por no tener los regalos adecuados, en comparación con los valiosos regalos que estos le han dado; no cumplir con ciertos ritos festivos debido a la falta de dinero; invitar a unos artistas para que hagan una actuación para él; y entretener a médicos y ministros que son importantes para lograr sus objetivos.

Otros métodos de conseguir dinero por artimañas son: ayudar a sus amigos y benefactores tanto en ocasión de una fiesta como en la desgracia; pagar los gastos de matrimonio del hijo de una amiga; recuperar el costo por el tratamiento de una enfermedad fingida; satisfacer los deseos más raros durante su embarazo; darle a su amante un valioso recuerdo, pero a cuenta de vender algunos de sus adornos, muebles o utensilios de cocina a un comerciante, quien habrá sido advertido del engaño; comprar los utensilios de cocina más caros, a fin de que puedan distinguirse de los de otras personas; recordarle sus favores anteriores, y hacer que sus amigas y seguidores también se lo comenten; ensalzar de forma exagerada las riquezas de cortesanas rivales; describiendo ante otras, y en presencia de su amante, sus propias posesiones, e incluso exagerar su valor; oponerse abiertamente a su madre, porque

(Izquierda) Como experta en el arte de dar satisfacción sexual, la joven cortesana se sienta encima de su lingam erecto en una postura que le proporciona una hermosa vista de sus redondeadas nalgas. Usa sus piernas para empujar con vigor hacia arriba.

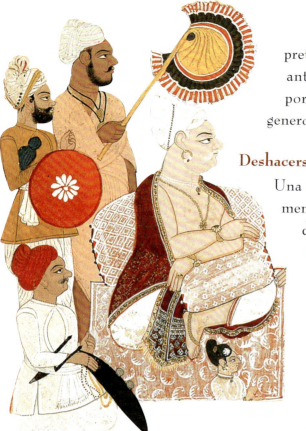

pretende persuadirla de que se reúna con antiguos amantes que son más ricos; y, por último, ensalzar ante su amante la generosidad de sus rivales.

Deshacerse de un amante

Una mujer siempre debe conocer el estado mental, los sentimientos y la disposición de su amante por los cambios en su temperamento, modales y expresiones faciales. La conducta de un amante cuyo deseo mengua se comprueba cuando le da a la mujer menos de lo que esta necesita, o algo diferente a lo que ella le pide, además de hacerle falsas promesas, ignorar sus anhelos, pretender hacer algo y llevar a cabo lo contrario; no cumplir con sus deseos, olvidar sus promesas, hablar con sus criados de forma incoherente y misteriosa; y, cada vez que pueda, pasar la noche en otra casa con algún pretexto.

Cuando una cortesana nota que la disposición de su amante hacia ella está cambiando, debe apoderarse de todos sus objetos de valor antes de que él se dé cuenta de sus intenciones, y simular que un supuesto acreedor se los quitó por la fuerza para saldar una supuesta deuda. Después de esto, si el amante es rico y se ha portado bien con ella, debe seguir tratándolo con respeto; pero si se vuelve pobre e indigente, debe liberarse de él. Deshacerse de un amante caído en desgracia se logra al denigrar sus hábitos y vicios como algo desagradable y censurable, mientras se burla y da golpes con el pie; al hablar de un asunto que él ignora, con lo que se burla de su conocimiento y rebaja su orgullo; al buscar la compañía de hombres

---

(Arriba a la derecha) Una cortesana acompañada por músicos y un grupo de bailarines muestra sus habilidades en una animada actuación en la corte del rey. Tales actuaciones cosechan hermosas recompensas en forma de dinero, oro y joyas.

que son superiores a él en conocimiento y sensatez, mientras que hace caso omiso de él en todas las ocasiones; al criticar a los hombres que tienen los mismos defectos que él; al expresar insatisfacción por sus métodos de placer, por lo que no deja que la bese, le niega el acceso a su cama y los derechos sobre su cuerpo; al mostrar disgusto por las heridas que hizo con sus uñas y dientes, y mantenerse completamente inmóvil durante la unión sexual forzada; al empezar a seducirlo cuando él está fatigado y bromear con su fracaso, mientras se ríe del afecto que siente por ella; al no responder a sus abrazos, fingir que tiene sueño o salir de visita cuando él desea pasar el día con ella.

Otras formas de menospreciarlo son: malinterpretar sus palabras, reírse sin razón ni chiste alguno, mirar de reojo a sus propias criadas, aplaudir sus declaraciones, interrumpir sus historias, ponerse a contar otras, divulgar sus defectos y vicios, y decir que son incurables; hablar despectivamente de él con sus criadas; no mirarlo cuando él acuda a verla; pedirle lo que él no puede concederle; y, después de todo, despedirlo.

Hay algunos *shlokas* sobre este tema:
El deber de una cortesana consiste en entablar relaciones con hombres adecuados, después de una debida y plena consideración, y en volver suya a la persona con la que está unida; así como en la obtención de la riqueza de la persona que siente afecto por ella, y luego en despedirlo una vez le haya quitado todas sus posesiones.

De esta manera, una cortesana que lleva la vida de una esposa no tiene por qué preocuparse con demasiados amantes y, sin embargo, logra conseguir abundante riqueza.

Adquirir riqueza 267

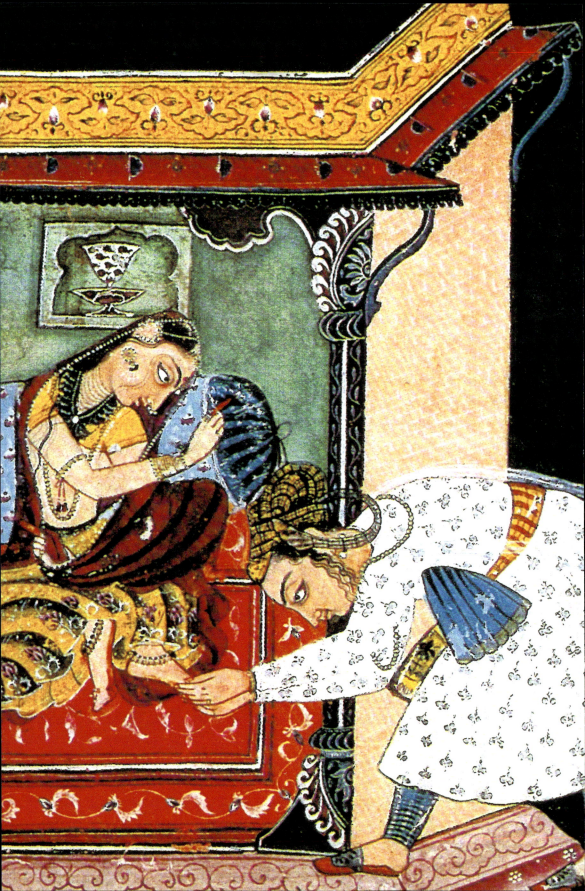

Reconciliación

विशीर्णप्रतिसन्धानप्रकरण

Vishirnapratisandhana Prakarana

uando una cortesana abandona a un hombre después de que su riqueza se agota, puede considerar reunirse con un antiguo amante. Pero ella debe regresar a él solo si es más rico que antes, y si todavía siente afecto por ella. Sin embargo, si él está viviendo con otra mujer, ella debe considerar la situación con mucho cuidado.

Volver con un antiguo amante

Un antiguo amante puede haber dejado a la primera mujer por decisión propia, y quizás también abandonó a otra mujer desde entonces, o puede haber sido despedido por ambas mujeres. Puede haber sido abandonado por una mujer, o abandonado por la otra, o haberse ido a vivir con otra. O puede haber abandonado a una mujer por decisión propia, y estar viviendo con otra. Si ha abandonado a ambas mujeres, no tiene sentido ir a buscarlo, debido a su inconstancia e indiferencia hacia ambas.

(Izquierda) Si un antiguo amante, rechazado una vez por la cortesana, desea verla de nuevo, ella debe averiguar sus intenciones: si todavía le guarda algún afecto, y, por tanto, gastaría dinero en ella. Si después de una consideración madura descubre que sus intenciones son correctas, pueden reconciliarse.

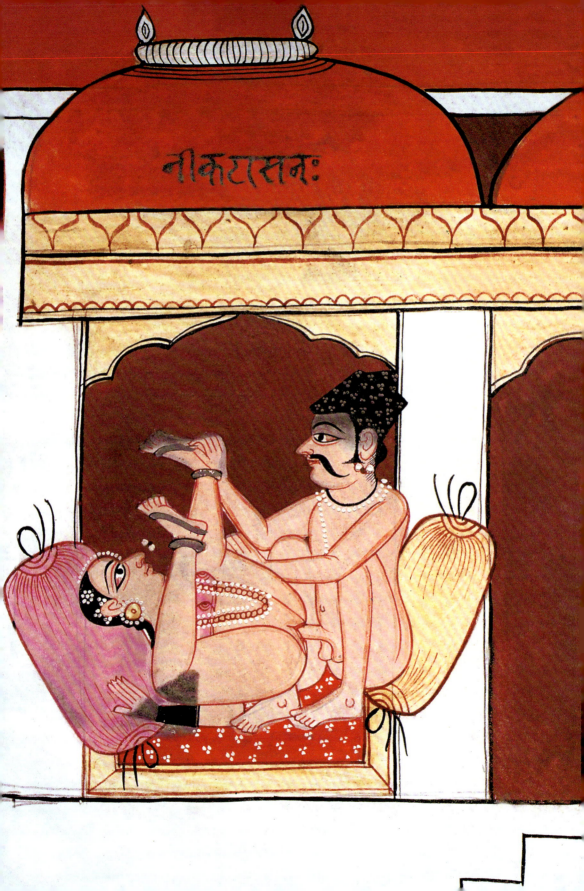

Si el hombre despedido por ambas mujeres ha sido rechazado por la segunda porque esta esperaba obtener más dinero de otro hombre, entonces la primera mujer puede buscarlo de nuevo, porque entonces le dará más dinero, bien sea por vanidad o por despecho. Pero si ambas mujeres lo han rechazado debido a su pobreza o tacañería, no se debe pensar en él. Si el hombre ha renunciado a una mujer y ha sido dejado por la otra, entonces debe ser nuevamente abordado, ya que le dará un montón de dinero de antemano si está de acuerdo en volver.

En cuanto al hombre que pueda haber dejado a una mujer y que esté viviendo con otra, si la primera mujer desea volver a conquistarlo debe averiguar si la dejó debido a alguna cualidad excepcional en la otra y, de no haberla encontrado, si está dispuesto a volver a ella y darle suficiente dinero para compensar su conducta, y el afecto que todavía le tiene. O bien, al haber descubierto muchos defectos en la otra mujer, ahora puede ver aún mejores cualidades en ella de las que realmente tiene, y está dispuesto a darle dinero por estas aparentes cualidades.

Por último, la mujer debe considerar si este era un hombre de mente débil, si disfrutaba de muchas mujeres a la vez, o si nunca hizo nada por la mujer con la que estaba, y luego le tocará decidir si debe aceptarlo o no, según las circunstancias.

Medir sus intenciones

Si la mujer rechazó al hombre, que posteriormente fue abandonado por otra, y desea reunirse con él, ella debe averiguar sus intenciones: si todavía siente algún afecto y, por lo tanto, estaría dispuesto

De manera juguetona, la joven doncella coloca una pierna alrededor de la cintura de su amante y trata de subirse a él. (Páginas 270–271) La mujer se acuesta en la posición del cangrejo con los muslos contraídos y con las piernas en el aire; así proporciona una entrada fácil a su morada celestial. (Izquierda) Las apsaras, que descendían del cielo, a menudo eran utilizadas por los dioses para distraer a los sabios de su penitencia.

a gastar mucho dinero en ella; o si aprecia sus excelentes cualidades y no goza de ninguna otra mujer; o si lo dejó antes de satisfacer sus deseos sexuales y desea volver a ella para vengar el daño que le hizo; si desea ganarse su confianza para recuperar la riqueza que le sacó; o, por último, si desea separarla de su amante actual y luego abandonarla. Si después de considerar todo esto ella cree que sus intenciones son realmente correctas, puede reconciliarse con él. Sin embargo, si su mente todavía está contaminada con malas intenciones, debe evitarlo.

Si el hombre, que una mujer hubiese dejado y que viviera con otra, le propone volver a la primera, la cortesana debe considerarlo mucho antes de actuar, y mientras la otra mujer se dedica a retenerlo, ella debe tratar de conquistarlo en secreto por cualquiera de las siguientes razones: si fue dejado injustamente, se debe hacer todo lo posible para traerlo de vuelta de la otra mujer, como conversar con él de nuevo para así irlo separando; para disminuir el orgullo de su amante actual; porque el antiguo amante se ha vuelto rico, ocupa una buena posición, con un lugar de autoridad al servicio del rey; porque se ha separado de su esposa; porque es independiente y vive separado de su padre o de su hermano; porque al hacer las paces con él podrá apoderarse de un hombre muy rico, al que su amante actual le impide acercarse; porque como ya no es respetado por su esposa, ella ahora sería capaz de separarlos; porque su amigo ama a su rival, que, a su vez, odia a la cortesana, y ella sería capaz de separar al amigo de su amante. Por último, porque al ganarlo de nuevo mostraría su inconstancia y lo desacreditaría.

Un patrón muy indulgente coquetea con dos mujeres al mismo tiempo.
(Derecha) Una cortesana influyente y rica tiene muchas criadas para atender sus necesidades.

Atraer a un antiguo amante

Cuando una cortesana está decidida a conquistar de nuevo a un antiguo amante, su *pithamarda* y otros criados deben decirle a él que su expulsión de la casa de la mujer fue causada por la maldad de su madre; que la mujer lo amaba, pero tuvo que ceder a la voluntad de su madre; que ahora odia a su amante actual y le desagrada de sobremanera. Además, deben lograr que confíe en su antiguo amor por él y aludir a la marca de ese amor, del cual todavía ella guarda recuerdos, y que está conectado con algún tipo de placer que solo él le daba, como su forma de besar o de tener relaciones sexuales.

Cuando una mujer tiene que elegir entre dos amantes, uno de los cuales había estado antes unido a ella, mientras que al otro lo desconoce, los *acharyas*, sabios, son de la opinión de que el primero es preferible, porque conoce su carácter y sus gustos, porque ya lo ha observado con cuidado, y porque puede complacerlo y satisfacerlo con facilidad. Pero Vatsyayana cree que un antiguo amante, que ya ha gastado una gran parte de su fortuna, no es capaz o no está dispuesto a dar mucho más dinero y, por lo tanto, no se puede confiar en él. Sin embargo, los casos pueden diferir debido a las distintas naturalezas de los hombres.

Algunos *shlokas* afirman:

La reunión con un antiguo amante puede ser conveniente para separar a una mujer en particular de un hombre en particular, o un hombre en particular de una mujer en particular, o incluso para causar cierto efecto en el amante actual.

Cuando un hombre siente un apego excesivo por una mujer, tiene miedo de que ella entre en contacto con otros hombres; entonces no considera ni nota sus defectos y le da mucho dinero por temor a que ella lo deje.

Una cortesana debe ser amable con el hombre que la quiere, y despreciar al hombre que no se preocupa por ella. Si mientras vive con un hombre llega un mensajero de parte del otro, ella puede negarse a escuchar cualquier negociación, o bien indicarle una fecha fija para que él la visite, pero no debe abandonar al hombre que está viviendo con ella y que puede quererla.

Una mujer sensata solo debe renovar su relación con un antiguo amante si está muy segura de que de tal reunión resultará la buena fortuna, beneficio, amor y amistad.

Una cortesana, bien vestida y con adornos, debe pararse en la puerta de su casa para que la gente que va por el camino la vea, ya que es como un objeto puesto a la venta.

Ganancias especiales

लाभविशेषप्रकरण

Labhavishesha Prakarana

uando una cortesana cae en cuenta de que puede ganar mucho dinero cada día de numerosos clientes, no debe limitarse a un solo amante. En tales circunstancias, debe fijar su tarifa por una noche, después de considerar el lugar, la estación, la gente, su propia belleza y buenas cualidades, y después de haber comparado sus precios con los de otras cortesanas. Luego puede informar sobre sus tarifas a sus amantes, amigos y conocidos. Sin embargo, si ella puede conseguir mucho dinero de un solo amante, recurrirá solo a él y vivirá con él como si hubiera sido reservada para su uso exclusivo.

El oro es lo más valioso

Los sabios son de la opinión de que, cuando una cortesana puede obtener el mismo beneficio de dos amantes distintos, debe dar preferencia a quien le daría lo que quiere. Pero Vatsyayana afirma que se debe dar preferencia a quien le da oro, porque no pueden quitárselo como las otras cosas; se recibe fácilmente y con él se puede procurar cualquier otra cosa que se desee. El oro es superior a la plata, cobre,

metal campana, hierro, ollas, muebles, camas, prendas, ropa interior, sustancias perfumadas, vasijas hechas de calabazas, *ghee*, aceite, maíz, ganado y otras cosas similares.

Elegir entre dos amantes

Cuando se requiere el mismo esfuerzo para conquistar a dos amantes, o cuando ambos le darán el mismo tipo de comodidades, la elección debe hacerse con el consejo de una amiga, o basarse en las cualidades personales de cada hombre, o incluso en los signos de buena o mala fortuna que puedan presentar.

De dos amantes, uno de los cuales está enamorado de la cortesana y el otro es simplemente muy generoso, los sabios dicen que se debe dar preferencia al amante generoso. Pero Vatsyayana es de la opinión de que vale más elegir al que está realmente enamorado de la cortesana, porque puede volverse generoso, incluso un avaro empieza a soltar dinero cuando se encariña con una mujer; pero un hombre que es simplemente generoso no puede llegar a amar con verdadero afecto. Pero si dos amantes están enamorados de ella y hay que elegir entre uno que es pobre y otro que es rico, debe dar preferencia, por supuesto, al amante rico.

Cuando hay dos amantes, uno de los cuales es generoso y el otro está dispuesto a prestar cualquier servicio a la cortesana, algunos sabios dicen que hay que preferir a este último. Pero, en la opinión de Vatsyayana, tal hombre piensa que se lo ha ganado todo al realizar este servicio una vez, mientras que a un hombre generoso no le importa lo que ha dado antes. Incluso en este caso la cortesana debe elegir con base en los probables beneficios que resulten de su unión con cualquiera de ellos dos.

Cuando un amante es agradecido y el otro liberal, algunos sabios dicen que hay que preferir al liberal, pero Vatsyayana afirma que se debe elegir al primero, ya que los hombres liberales son generalmente altivos, directos y desconsiderados, no se preocupan por las largas amistades o por los servicios que les prestaron, y se van abruptamente si ven algún defecto en la cortesana o si otra mujer les dice mentiras sobre ella. Por el contrario, el hombre agradecido no se separa de ella de inmediato, debido

(Izquierda) La traviesa nayika, *llena de coqueta exuberancia, seduce a un sabio abrazándolo.*

a que tiene en cuenta los esfuerzos que ella puede haber hecho para complacerlo. También en este caso la elección debe depender de lo que ofrezca el futuro.

Cuando una cortesana tiene que elegir entre cumplir con la petición de un amigo y una oportunidad de conseguir dinero, los sabios dicen que debe preferir el dinero. Pero Vatsyayana cree que el dinero se puede obtener tanto hoy como mañana y, por lo tanto, se debe considerar el bien futuro antes de ignorar la solicitud de un amigo. En tal ocasión, la cortesana podría apaciguar a su amiga fingiendo estar ocupada y prometiendo que cumplirá con su petición al día siguiente, y así también ganar el dinero que le estaban ofreciendo.

Cuando tiene que elegir entre conseguir dinero y evitar un desastre, los sabios sugieren que escoja el dinero. Vatsyayana no está de acuerdo, y afirma que el dinero tiene una importancia limitada, mientras que un desastre, una vez evitado, ya no puede repetirse. Lo que guiará la elección será el tamaño potencial del desastre.

Uso piadoso de la riqueza por las cortesanas

Las riquezas de las *ganikas* (la mejor y más rica clase de cortesanas) deben gastarse en la construcción de templos, tanques de agua y jardines; en dar mil vacas a diferentes brahmanes; en adorar

Gracias a sus habilidades en el arte de dar placer, dos cortesanas experimentadas entretienen a un grupo de jóvenes muy viriles. (Derecha) Una miniatura del siglo XIV, del manuscrito Laur Chanda. *Los dos amantes escapan con la ayuda de su criada y un guardia descuidado.*

a los dioses y celebrar festivales en su honor; y, por último, en cumplir los votos que estén al alcance de sus medios.

Las otras cortesanas deben gastar su riqueza en poseer un vestido limpio todos los días; en suficiente comida y bebida para apaciguar el hambre y la sed; en comer a diario una *tambula* perfumada, es decir, una mezcla de nuez y hojas de betel; y en llevar adornos de oro. Los sabios dicen que estos gastos representan las ganancias de todas las cortesanas de clases media y baja, pero Vatsyayana opina que estos beneficios no pueden calcularse, ya que dependen de las condiciones del lugar, las costumbres del pueblo, su propia apariencia y otras muchas cosas que no pueden definirse.

Cuándo renunciar al dinero o conseguirlo

Una cortesana debe renunciar a una gran recompensa y estar de acuerdo en tomar, de manera amistosa, solo una pequeña suma del dinero que un hombre le ofrece si desea mantenerlo alejado de otras mujeres; o separarlo de alguna mujer con la que está unido; o privar a alguna mujer de las riquezas que ha obtenido; o elevar su posición; o disfrutar de una buena fortuna; o ser deseable para todos los hombres al unirse a él; o desear su ayuda para evitar alguna desgracia; o estar realmente enamorada de él; o conseguir herir a alguien por medio de él; o recordar algún antiguo favor que él le confirió; o si desea unirse con él simplemente por placer.

Cuando una cortesana tiene la intención de abandonar a un amante y tomar a otro; o si cree que pronto la dejará y regresará con sus esposas; o si después de haber derrochado todo su dinero y encontrarse sin nada hay la posibilidad de que su tutor, o amo, o padre se lo lleve; o si él está a punto de perder su posición; o si él es muy indeciso, ella debe esforzarse en sacarle tanto dinero como pueda, tan pronto como sea posible.

Por otra parte, cuando la cortesana piensa que su amante está a punto de recibir valiosos regalos; o está esperando un barco cargado de mercancías; o va a obtener un cargo al servicio del rey; o va a heredar

---

(Izquierda) Dos compañeros juguetones y atléticos se deleitan y recrean con una nayika hastini muy rolliza y voluptuosa.

pronto una fortuna; o tiene grandes reservas de granos y de otros productos; o si tendrá en cuenta cualquier favor que le ha hecho; o si el amante siempre es fiel a su palabra, entonces ella debe tener en cuenta su bienestar y vivir con él como su esposa.

Algunos *shlokas* afirman:
Al considerar sus ganancias actuales y su bienestar futuro, una cortesana debe evitar a aquellos hombres que hayan ganado con mucho esfuerzo sus medios de subsistencia, como también a aquellos que se han vuelto egoístas y duros de corazón cuando se convirtieron en los favoritos de los reyes.

La cortesana debe hacer todo lo posible para unirse con gente próspera y acomodada, y con aquellos a los que sería peligroso evitar o menospreciar de alguna manera. Incluso a costa de algún padecimiento, ella debería familiarizarse con los hombres enérgicos y de mente liberal, que cuando están contentos le darán una gran suma de dinero, incluso por un pequeño servicio, o por muy poca cosa.

Una cortesana borracha se sienta en una pose atractiva con las piernas muy abiertas. (Izquierda) Uno de los marfiles de Begram del siglo II retrata a dos cortesanas de cintura estrecha, cubiertas con pesadas joyas.

Ganancias y pérdidas

अर्थानर्थानुबन्धसंशयविचारप्रकरण

Arthanarthanubandhasanshayavichara Prakarana

La ganancia sería de tres clases: de riqueza, mérito religioso y placer; de manera similar, la pérdida sería de tres clases: de riqueza, mérito religioso y placer.

Causas de las pérdidas

A veces, cuando se buscan ganancias o se espera conseguirlas, los esfuerzos solo terminan en pérdidas. Las causas de estas pérdidas son muchas y variadas: poca inteligencia, simplicidad, amor excesivo, orgullo, exceso de confianza, arrogancia, ira excesiva, descuido, imprudencia, genio maligno y circunstancias desafortunadas que no podían evitarse. Esto resulta en gastos innecesarios, destrucción del bienestar futuro, pérdida de las ganancias que ya se tienen y las que iban a conseguir, un temperamento incierto y pérdida de la salud, el cabello y la felicidad.

Cuando se busca una ganancia específica y llegan otras por añadidura, estas son *ganancias concomitantes*. Cuando la ganancia es incierta se

---

(Izquierda) Una cortesana debe hacer todo lo posible para relacionarse con gente próspera y liberal que, una vez complacida, le daría grandes sumas de dinero incluso por un servicio muy pequeño.

denomina una simple duda. Cuando hay una duda sobre dos resultados posibles, es una duda mixta. Si para algo que se está haciendo hay dos resultados, es una combinación de dos resultados, y si la misma acción produce varios resultados, esta es una combinación de resultados por cada lado.

Si una cortesana vive con un gran hombre, adquiere riqueza y conoce a otras personas que le ofrecen una oportunidad de bienestar futuro y aumento de fortuna, y de este modo se vuelve deseable para todos, esto se denomina una doble ganancia de riqueza y fortuna futura. Si al vivir con un hombre una cortesana únicamente obtiene dinero, esto es solo una ganancia de riqueza sin complicaciones.

Cuando una cortesana recibe dinero de otras personas además de su amante, los resultados son: la posible pérdida del bien futuro que este podía darle; la perdida de afecto de un hombre que en verdad la quería; el odio de todos; y una probable unión con alguna persona de baja condición, que podría destruir su futuro. Esta sería una ganancia de riqueza acompañada de pérdidas.

Cuando una cortesana, a su propia costa y sin ninguna ganancia concreta, se relaciona con un gran hombre o un ministro avaricioso, con el objeto de evitar alguna desgracia o eliminar algún obstáculo que amenace la obtención de una gran ganancia, a esta se le conoce como una pérdida de riqueza acompañada de ganancias a futuro.

Una cortesana que es amable, incluso a su propia costa, con un hombre que es muy tacaño, orgulloso de su apariencia o ingrato pero atractivo para las mujeres, sufre una pérdida de riqueza sin ganancia alguna.

Cuando ella es amable con un hombre tal como se ha descrito arriba, que además sea un favorito del rey, cruel y poderoso, al que no

(Arriba a la derecha) Las cortesanas expertas en el arte de bailar pueden encontrar seguidores con facilidad.

le puede sacar ningún beneficio, y existe la posibilidad de que ella pueda ser rechazada de repente, esto es una pérdida de riqueza acompañada de otras pérdidas.

De manera similar, también se hacen evidentes las ganancias y pérdidas secundarias en mérito religioso y placeres, y pueden hacerse combinaciones de todas ellas.

Dudas: monetarias, éticas y eróticas

Las dudas son también de tres clases: sobre la riqueza, sobre el mérito religioso y sobre los placeres. Cuando una cortesana no está segura de cuánto puede darle un hombre o cuánto puede gastar en ella, tiene una duda sobre la riqueza.

Cuando duda si tiene razón en abandonar por completo a un amante del que no puede obtener dinero, después de haberle quitado toda su riqueza, esto es una duda sobre la moralidad.

Cuando ella es incapaz de conseguir un amante de su agrado y no está segura de conseguir cualquier placer de un hombre rodeado por su familia, o de uno de baja condición, esta es una duda sobre el placer.

Cuando una cortesana no está segura de si un hombre poderoso, pero de fuertes principios, le causaría una pérdida en caso de que ella fuera descortés con él, esto es una duda sobre la pérdida de riqueza.

Si ella abandona a un hombre enamorado de ella sin concederle el más mínimo favor, y causándole infelicidad en este mundo y en el otro, esta es una duda sobre la pérdida de mérito religioso.

Si ella está ardiendo de deseo, pero no está segura de estar satisfecha ni de cuándo vendrá su amante, esta esa una duda sobre la pérdida de placer.

La relación con un recién llegado de intenciones desconocidas, y que puede haber sido recomendado por un amante o por una autoridad, puede

producir tanto ganancias como pérdidas, y esto se denomina, por lo tanto, una duda mixta sobre la ganancia y la pérdida de riqueza.

Cuando una cortesana, por compasión o solicitud de un amigo, sostiene relaciones sexuales con un brahmán erudito, un estudiante religioso, un devoto o un asceta que se ha enamorado de ella, y puede estar lo suficientemente obsesionado como para amenazar con suicidarse, sufre una duda sobre la ganancia y pérdida de mérito religioso.

Si una cortesana se basa únicamente en rumores y en lo que le han contado sobre un hombre, y va a su encuentro sin averiguar por sí misma si tiene buenas o malas cualidades, ni el resultado probable, esta es una duda mixta sobre la ganancia y la pérdida de placer.

Auddalika ha descrito las ganancias y las pérdidas de ambos lados de una manera concisa: si una cortesana que vive con un amante obtiene riqueza y placer, se habla de una ganancia en ambos lados.

Cuando una cortesana vive con un amante a su propia costa, sin ningún beneficio, y el amante llega incluso a recuperar lo que le ha dado antes, es una pérdida en ambos lados.

Cuando una cortesana no está segura de que un nuevo amante podría encariñarse con ella y regalarle algo, esta es una duda sobre las ganancias en ambos lados.

Esta pintura del sur de la India representa a una pareja en una exhibición sensual y lujuriosa de sus talentos sexuales. (Izquierda) La pareja participa en una variación de la unión sexual suspendida, donde la encantadora enjoyada anuda sus piernas en una postura tal, que requeriría experiencia yóguica.

Si una cortesana no sabe si un antiguo enemigo, con el que se volvió a relacionar a su propia costa, le causaría daño debido al rencor que le guarda; o si le quitaría con rabia cualquier cosa que pudo haberle dado antes, esta es una duda sobre la pérdida en ambos lados.

Babhravya ha descrito la ganancia y la pérdida en ambos lados de la siguiente manera: cuando una cortesana puede sacarle dinero tanto a un hombre al que puede ir a ver como a un hombre al que no puede ir a ver, esta es una ganancia en ambos lados.

Cuando una cortesana tiene que hacer gastos adicionales para ir a ver a un hombre, pero también corre el riesgo de sufrir una pérdida irremediable si no lo hace, esta es una pérdida en ambos lados.

Cuando una cortesana no está segura si un hombre en particular le dará algo cuando lo visite, sin que por ello tenga que hacer ningún gasto, o si al descuidarlo otro hombre le daría algo, esta es una duda sobre la ganancia en ambos lados.

Cuando una cortesana se junta con hombres, debe hacer que estos le den tanto dinero como placer. (Derecha) Durante las guerras prolongadas, los soldados que estaban de servicio luchando por sus reinos, lejos de sus hogares, a menudo llevaban consigo un grupo de cortesanas para el placer y el entretenimiento.

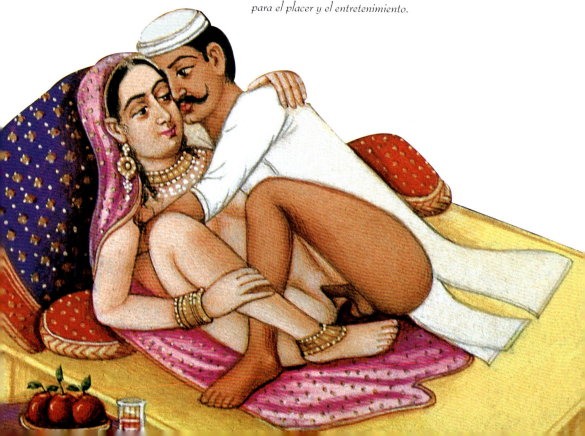

Cuando una cortesana no está segura de si, al visitar a un viejo enemigo a su propia costa, él le quitaría lo que pudo haberle dado, o si al no ir le causaría daño, esta es una duda sobre la pérdida en ambos lados.

Formar nuevas combinaciones

Después de considerar todo esto y escuchar el consejo de sus amigos, una cortesana debe actuar con el objetivo de conseguir fortuna y evitar el desastre. El mérito religioso y el placer también pueden formarse en combinaciones separadas como las de la riqueza, y luego reagruparse entre sí para hacer nuevas combinaciones.

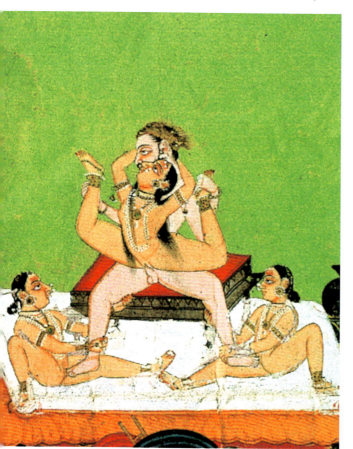

Cuando una cortesana se relaciona con hombres debe hacer que le den tanto dinero como placer. En ocasiones especiales, tales como la fiesta de primavera, su madre debe anunciar a los diversos hombres que su hija pasará tal o cual día con el hombre que le satisfaga un deseo particular.

Cuando los jóvenes se acercan a ella llenos de deseo, debe pensar en lo que puede obtener a través de ellos.

Una cortesana también debe considerar las dudas sobre la ganancia y la pérdida en lo que concierne a la riqueza, el mérito religioso y el placer.

Los diferentes tipos de prostitutas son: *kulata* y *swairini* (adúlteras secreta y abierta), *kumbha-dasi* (una puta común), *paricharika* (una criada), *nati* (una actriz o bailarina), *shilpa-karika* (una artesana), *prakasha* (una mujer que abandonó a su esposo), *rupajiva* (una con un hermoso cuerpo) y *ganika* (una cortesana de profesión).

Todas estas prostitutas mantienen relaciones con varios tipos de hombres, y todas ellas deben pensar las maneras de sacarles dinero, complacerlos, separarse y volver con ellos. También deben considerar las ganancias y pérdidas particulares, las ganancias y pérdidas concomitantes y las dudas, de acuerdo con sus propias condiciones.

Dos *shlokas* sobre el tema establecen:
Los hombres quieren placer, mientras que las mujeres quieren dinero, por lo tanto, ellas deben estudiar esta parte que trata de los medios de ganar riqueza.

Hay algunas mujeres que buscan el amor y hay otras que buscan el dinero; las maneras de conseguir el amor se cuentan en las primeras partes de esta obra, mientras que las maneras de conseguir el dinero, según lo practicado por cortesanas, se describen en esta última parte.

Dos amantes graciosamente enredados y excitados; se ve a la mujer en la postura superior. (Izquierda) El torso extraordinariamente flexible de la seductora permite una postura casi imposible. Hay posturas que requieren gran fuerza y flexibilidad por parte de los participantes.

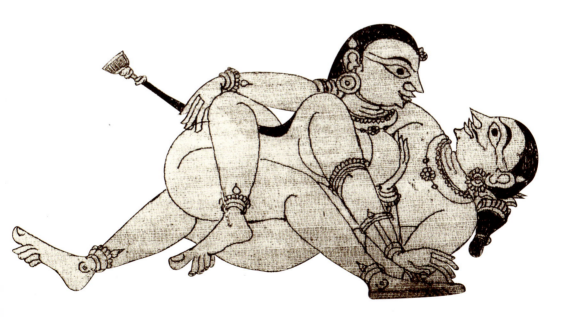

Tradición secreta, estimulación externa y poder sexual

Embellecer el cuerpo

Sobre la virilidad

Libro 7

Embellecer el cuerpo

सुभगंकरणादिप्रकरण

Subhagankaranadi Prakarana

Si uno no alcanza lo que desea con el corazón por cualquiera de los métodos descritos anteriormente, puede recurrir entonces a diferentes medios para atraer a otros y así lograr satisfacer sus pasiones internas. Nuestra fortuna también mejora considerablemente si adoptamos las medidas especiales descritas en el *Tantra Shastra* y el *Atharva Veda*.

Fórmulas secretas para mejorar la belleza

Buena apariencia, buenas cualidades, juventud y liberalidad son los principales medios, y los más naturales, para resultar agradable a la vista de los demás. Pero, en su ausencia, un hombre o una mujer pueden recurrir a recetas secretas, encantos, afrodisíacos, membranas artificiales y al arte de aplicar los cosméticos. He aquí algunas recetas que pueden resultar útiles.

Una pasta compuesta de las hojas de *tagara*, *kashtha* y *talisapatra* podrá untarse por todo el cuerpo para aumentar la belleza física.

(Izquierda) Un grupo de ascetas y mendigos se dedican a la preparación de diversos medicamentos, mezclas y afrodisíacos para mejorar el placer sexual.

Con estas mismas plantas se puede hacer un polvo fino que se mezclará con aceite de *bibhitaka* para hacer una mecha, y al encenderla el resultado es *kohl* (pigmento negro). Este se puede aplicar en las pestañas, para agrandar la apariencia de los ojos y hacer que la cara se vea más atractiva.

Las raíces de *punarnava*, *sahadevi*, *sariva* y *kurantaka* deben hervirse con las hojas de *utpala* en aceite de sésamo. Cuando se masajea todo el cuerpo con este aceite, mejora la textura y el brillo de la piel. Hacer cuentas con una pasta espesa de estos mismos ingredientes y usarlas como guirnaldas, intensifica el efecto.

Si se seca el estambre de las flores de *padma* y *utpala* (loto blanco y loto azul), junto con *nagakesara*, luego se pulverizan y se mezclan con miel y mantequilla clarificada, se tendrá una bebida que mejora la tez. Si, aparte de tomar este brebaje, el cuerpo se unta con una pasta hecha con los mismos ingredientes, además de añadirle polvo de *tagara*, *talisa* y *tamalapatra*, el efecto se duplica.

También se recomienda el uso de amuletos que sean eficaces y a la vez embellezcan. Un poderoso talismán es el ojo de un pavo real sellado en una caja dorada en un momento propicio. Otros amuletos son bayas secas o *badaramani*, recogidas de las ramas superiores, a las que se les retira las piedras y se les ordena. Si se encuentra una baya con una abertura de mano derecha como *shankhamani* (caracola), es un buen augurio y, al ser muy rara, debe consagrarse con himnos del *Atharva Veda*, por un yogui experto en la ciencia de la magia.

Dar a la hija de una cortesana en matrimonio

Cuando una doncella llega a la edad de la pubertad, su señor debe mantenerla aislada, y cuando, debido a su aislamiento y la dificultad de acercarse a ella, los jóvenes la deseen con mayor ardor, él debe dar su mano a un hombre que puede dotarla de una riqueza tal que ningún rival pueda superarlo. Este es un medio reconocido de aumentar la buena fortuna y la felicidad de la criada, además de los atributos de la seducción y una naturaleza amorosa.

Del mismo modo, cuando la hija de una cortesana llegue a la edad de la pubertad, la madre reunirá a muchos jóvenes que tengan la misma edad, disposición y conocimiento que su hija, y les dirá que ella quiere darla en *panigrahana* (ceremonia de sostener las manos) al muchacho que le haga regalos valiosos. Después de esto, la hija será mantenida en aislamiento en la medida de lo posible, y luego se entregará a los jóvenes dispuestos a darle los regalos acordados. Si la madre no puede obtener mucho del muchacho, ella misma sacará algunas de sus posesiones como si hubieran sido dadas a la hija por su amante.

O bien, la madre puede permitir que su hija se encuentre con su amante en privado, mientras finge ignorancia, para luego pretender que, apenas se ha enterado, ha dado su consentimiento.

La hija también debe atraer a los hijos de ciudadanos ricos, desconocidos para su madre, y hacer que la consideren con afecto. Se reunirá con ellos cuando tenga clases de canto, en lugares donde se toca música y en las casas de otras personas; luego debe pedir a su madre, a través de una amiga o de una criada, que le permita unirse con el joven que más le agrada.

Cuando se aplica un ungüento preparado con la fruta kokilaksha en el yoni de una mujer hastini, este se contraerá por una noche. (Izquierda) Al beber leche mezclada con ciertos ingredientes ayurvédicos, un hombre puede aumentar su vigor sexual y volverse tan viril como los animales.

Embellecer el cuerpo

Cuando la hija de una cortesana es entregada de esta forma a un amante, la relación debe mantenerse por un año, después de lo cual ella es libre de hacer lo que le plazca. Pero, incluso transcurrido este año, si su primer consorte la invita a visitarlo de vez en cuando, a pesar de tener otro compromiso, ella debe pasar la noche con él.

Tal es el modo de unión temporal entre las cortesanas, y la forma de aumentar su belleza y su valor a los ojos de los demás. Lo mismo se puede aplicar a las hijas de las bailarinas, cuyas madres deben entregarlas solo a las personas que puedan serles útiles de diversas maneras.

Amor irresistible y esclavización de otros

Hay medios para atraer a otros y elevar nuestra destreza a alturas envidiables. Si un hombre unge su *lingam* con una mezcla de polvos de *dhatturaka* (espino blanco), *pippali* (pimienta larga), *maricha* (pimienta negra) y *madhu* (miel), y sostiene relaciones sexuales con una mujer, puede someterla a su voluntad.

Aplicarse una mezcla de hojas de *vatodbhranta patra* esparcidas por el viento, flores arrojadas sobre un cadáver humano en el momento en que va a ser quemado, y polvo de hueso de *mayura* (pavo real) y *jivanjivaka* (golondrina), permite al hombre satisfacer sexualmente a la mujer por completo.

Si antes de tomar un baño se aplica sobre el cuerpo una pasta hecha con los restos de un milano que ha tenido una muerte natural, ceniza de estiércol de vaca y miel, el hombre podrá atraer a cualquier mujer.

Untar el falo con un ungüento hecho de la planta *amalaka* aumenta el poder de someter a las mujeres a la voluntad de uno.

Un hombre que muele los brotes del *vajrasruhi* en trocitos y los sumerge en una mezcla de arsénico rojo y azufre puro, los seca siete veces, y este polvo lo aplica mezclado con miel a su *lingam*, puede someter a una mujer a su voluntad durante la unión sexual, o bien, si quema estos brotes por la noche y ve una luna dorada detrás del humo, tendrá éxito con cualquier mujer. Si mezcla este polvo con los excrementos de un mono y se los arroja a una doncella, será difícil que ella se enamore de otro.

Si se aderezan trozos de raíz de *Vacha* con *aramtailam*, aceite de mango, y se conservan durante seis meses dentro de una grieta en el tronco de un *shimshapa* (árbol de sisu) y, pasado el tiempo, se hace una pasta y se aplica sobre el *lingam* antes de la unión sexual, esto subyugará a las mujeres.

Sumergir un hueso de camello en el jugo de *bharingaraj*, quemarlo después y luego colocar el pigmento negro de sus cenizas en una caja hecha también de hueso de camello, y aplicarlo junto con *anjana* (antimonio) en las pestañas con una astilla de hueso de camello. Se dice que este pigmento es muy puro y saludable para los ojos, y puede someter a los demás a la voluntad de quien lo usa.

Recetas para aumentar el vigor sexual

Los hombres pueden aumentar el vigor sexual al beber leche mezclada con azúcar, polvo de la raíz de *uchchaata*, *chavya* y *yashtimadhuka* (regaliz), lo que los volverá tan viriles como los toros.

Beber leche en la que se han hervido y mezclado con azúcar los testículos de un carnero o una cabra, aumenta la resistencia sexual.

(Arriba a la izquierda) Si uno no logra alcanzar el deseo del corazón, puede recurrir a diferentes medios para atraer a otros y así cumplir con las pasiones internas. Algunas de estas medidas encuentran su base en el Tantra Shastra.

Embellecer el cuerpo 303

Si se machacan las semillas de pimiento largo con raíces de caña de azúcar y *vidari*, y se mezclan con leche, actúan como un poderoso estimulante.

Si las semillas o raíces de *sringataka*, *kaseruka* y regaliz se machacan con *kshirakakoli* (una especie de cebolla), y este polvo se pone en leche mezclada con azúcar y mantequilla clarificada, y se hierve en un fuego moderado, el hombre que beba este jarabe podrá disfrutar de innumerables mujeres.

Del mismo modo, si un hombre mezcla arroz con huevos de gorrión y después los hierve en leche, agrega mantequilla clarificada y miel, y lo bebe, mejorará su capacidad sexual.

Si un hombre remoja la corteza de las semillas de sésamo en huevos de gorriones, la hierve en leche, la mezcla con azúcar y mantequilla clarificada, le agrega los frutos de *sringataka* y la planta *kaseruka*, harina de trigo y frijoles *swayamgupta*, y luego bebe esta mezcla, puede disfrutar de innumerables mujeres.

Si se mezclan cantidades iguales de mantequilla clarificada, miel, azúcar y regaliz con jugo de la planta de hinojo y leche, se considera que esta composición similar al néctar es sagrada, ya que aumenta el vigor sexual, preserva la vida y tiene un sabor dulce.

Tónicos para la salud y la longevidad

Los extractos de *shatavari* y *shvadamshtra* se mezclan con melaza y se hierven en leche de vaca espesa con mantequilla clarificada; luego se agregan pimientos largos, regaliz y miel para conseguir un brebaje

El arte tántrico proporciona imágenes únicas e inusuales. (Izquierda) Los tantras específicos están dedicados al modo de ritual de adoración de la diosa Kali y los beneficios que se obtendrán de su adoración. Aquí Kali se encuentra encima de Kama y Rati, los principios femenino y masculino que yacen unidos bajo sus pies y que representan el ascendiente femenino en aras de la creación

Embellecer el cuerpo 305

delicioso al gusto. Si se toma todos los días desde que la luna entra en la constelación *Pushya*, ayudará en la longevidad y en la recuperación después de los excesos.

Hervir en agua *shatavari* y *shvadamshtra* con los frutos machacados de *shriparni*, y beberlo todos los días, es un tónico recuperativo. Beber mantequilla clarificada hervida por la mañana durante la primavera beneficia la salud, proporciona fuerza y es agradable al gusto. Si las semillas en polvo de *gokshura* y harina de cebada se mezclan en partes iguales y se come el equivalente en peso de dos palas cada mañana al levantarse, será beneficioso.

Si cantidades iguales de *shatavari*, *gokshura* y *shriparni* son maceradas, hervidas en agua y coladas, esta mezcla es un poderoso tónico para el cuerpo y para aumentar el vigor. Se debe tomar en el clima fresco cada mañana.

También hay *shlokas* sobre el tema:
Los medios de producir amor y vigor sexual deben aprenderse de la ciencia médica, del Atharva Veda, *del* Tantra Shastras, *de los alquimistas experimentados y de las personas iniciadas en las artes de la magia. No se debe probar ningún medio cuyos efectos estén en duda, que pueda causar daño al cuerpo, que implique la muerte de animales y que nos ponga en contacto con cosas impuras. Tales medios solo deben ser empleados por santos, reconocidos como eficaces y aprobados por los brahmanes y amigos.*

La pasión de una mujer a menudo es insaciable y los falos artificiales, así como los apéndices para recubrir el lingam, *son invaluables. Tienen el efecto de incitar impulsos sexuales ardientes en la mujer demasiado apasionada, para que entonces ella pueda quedar satisfecha. (Páginas 308–309) Cuando un caballo ha alcanzado el quinto grado de movimiento, continúa con velocidad ciega, sin tener en cuenta los hoyos, zanjas y postes que haya en su camino. De la misma manera, una vez la cópula ha comenzado, solo la pasión engendra el acto de todas las partes. Aquí, el artista pinta grupos de amantes cegados por el deseo y haciendo el amor con furia.*

Sobre la virilidad

नष्टरागप्रत्यानयनप्रकरण

Nashtaragapratyanayana Prakarana

n hombre incapaz de satisfacer los impulsos sexuales de una mujer intensamente apasionada debe recurrir a varios medios para despertar su pasión. Una forma de excitar a una mujer es frotar su *yoni* con la mano o dedos, y no comenzar la unión sexual hasta que se excite, o sienta placer; entonces introducirá su falo para que el orgasmo de ella preceda a su eyaculación.

Tipos de objetos sexuales

De vez en cuando, el hombre puede hacer uso de ciertos *apadravyas* (objetos en forma de falo) perforados solo en la parte superior, que se colocan alrededor del *lingam* para aumentar su longitud o su grosor, y así encajar en el *yoni*. En opinión de Babhravya, estos *apadravyas* deben estar hechos de oro, plata, cobre, hierro, marfil, cuerno de búfalo, madera, estaño o plomo, y deben ser suaves, frescos, que provoquen el vigor sexual, y sirvan a su propósito como un anillo o un guante, además de ser capaces de resistir una acción vigorosa. Sin embargo, Vatsyayana establece que estos pueden estar hechos de acuerdo con la voluntad de cada cual.

Los diferentes tipos de *apadravyas* son: el *valaya* (anillo), que debe tener el mismo tamaño que el *lingam*; su superficie exterior debe estar llena de crestas, y se usa a su alrededor como un amuleto; el *sanghati*

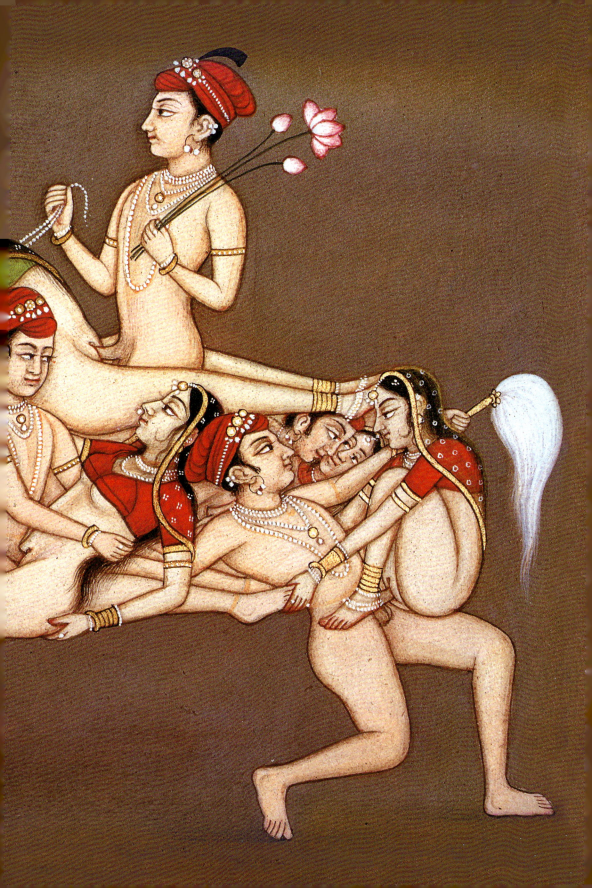

(pareja), formado por dos anillos que se colocan sobre el *lingam*; el *chudaka* (pulsera), formado por la unión de tres o más anillos, hasta que alcance la longitud del *lingam*; y el *ekachudaka* (pulsera única), que se forma al envolver una sola banda alrededor del *lingam*, de acuerdo con las dimensiones requeridas.

Un falo artificial, como el *kanchuka* (vaina cerrada) y el *jalaka* (red reticulada abierta en la punta), debe ser del tamaño del miembro erecto que se inserte en ella; si tiene cavidades para los testículos mejorará el efecto. Además, ha de ser algo áspero por fuera y lleno de protuberancias que se puede adaptar al tamaño del *yoni* y mejorar el placer de la mujer; también se puede atar a las caderas.

En ausencia de tales *apadravyas* se puede utilizar un tubo fálico hecho con el tallo del *alabu* (calabacín), o el *venu* (bambú), según el tamaño deseado; debe untarse bien con aceite medicinal antes de uso y atarlo a la cintura con un hilo.

Los hombres jóvenes, de hecho, los hombres de todas las edades, pueden padecer de virilidad deteriorada, eyaculación precoz, tumescencia parcial y un aumento lento de la pasión, debido al exceso o la indulgencia. La felación, o sexo oral, inducirá una tumescencia completa y hará posible el coito normal. La erección y la aceleración de la pasión también se logran cuando se manipula el ano con los dedos; sin embargo, la pasión de las mujeres es a menudo insaciable y, por lo tanto, los falos artificiales son invaluables, así como los apéndices que envuelven o se ponen sobre el *lingam*; además, el acto mismo de atarlos al pene erecto, o la piedra de *amalaka* a la base del órgano, y el uso de cualquiera de las ayudas descritas tendrá el efecto de incitar los ardientes impulsos sexuales en la mujer altamente apasionada, y entonces podrá ser satisfecha.

Agrandar el orificio del falo

La gente del Decán y las provincias del sur sostienen que no existe verdadero placer sexual si el orificio del *lingam* no ha sido agrandado mediante la perforación; para esto insertan un eje puntiagudo adecuado

---

(Derecha) Kali y compañeras, de la serie de pinturas Tantric Devi. *La diosa misma descansa sobre un cadáver, como si estuviera sobre un trono. Una de las acompañantes alza un matamoscas, un antiguo símbolo indio de obediencia en lo real y lo divino.*

en la abertura del glande y lo llevan de arriba a abajo para llenar el canal. Esta práctica puede realizarse en la infancia, a la misma edad en que se perforan las orejas.

Un joven adulto también puede agrandar la abertura de su *lingam* con una cuña gruesa, lo suficientemente larga para insertarla por completo en el canal, y luego poner el miembro dentro de agua hasta que deje de salir sangre. Para evitar que la abertura agrandada se contraiga, ese día el hombre tendrá relaciones sexuales con vigor, incluso si le resulta doloroso, para limpiar el orificio. Después, la herida debe lavarse y limpiarse a menudo con una decocción astringente, y agrandar el tamaño del orificio mediante la inserción gradual de cuñas cada vez más gruesas. El orificio ensanchado debe limpiarse con una pasta hecha de *yashtimadhuka* (regaliz), mezclada con miel y *kashayas*; y para seguir ensanchándolo se puede insertar ramas de *karnika* o *shishapatra* ungidas generosamente con aceite de *bhallataka*.

En este orificio agrandado que atraviesa el *lingam*, el joven puede insertar varios juguetes sexuales de distintas formas y tamaños. Pueden tener la forma de una cabeza fálica completamente redondeada en el extremo, como un mortero de madera, un capullo a punto de florecer; una probóscide; la trompa de un elefante, una variedad de ocho lados; de forma de trompo, disco plano o paraguas; *shringataka* (triangular); un conjunto de bolas; un artilugio con mechones de pelo, y uno descrito como una encrucijada donde se encuentran cuatro carreteras. Hay muchos otros, cuyos nombres provienen de sus formas o maneras de usarlos. Pueden ser ásperos o lisos, y generalmente las amantes jóvenes los seleccionan de acuerdo con sus deseos y necesidades, y sobre todo con base en el atractivo que ejercen a los ojos del espectador y la excitación de los impulsos sexuales que provocan.

Agrandar el falo

Para agrandar y reforzar el *lingam*, debe frotarse vigorosamente la piel y el prepucio del falo con el pelo irritante de una variedad de insectos, como el *kandalika*, un tipo de oruga que prospera en los árboles. Esto resulta en una hinchazón dolorosa. Para aliviar este dolor, se frotará un aceite calmante por todo el órgano durante al menos diez noches sucesivas,

En el orificio agrandado que se hizo en el lingam *un joven puede insertar auxiliares artificiales de diferentes formas y tamaños. Estos apelan a los ojos del espectador y provocan la excitación de los impulsos sexuales. (Izquierda) Un hombre santo, muy viril, se aprovecha de su posición y juega con los encantos de una bella aldeana.*

después de las cuales se ha de volver a frotar con los mismos pelos de insectos, seguido de otra aplicación del aceite. Con este proceso conseguirá que el *lingam* se hinche considerablemente. Su longitud también se puede aumentar al acostarse en una cama colgante y permitir que el *lingam* cuelgue hacia abajo a través de un agujero en la cuerda tejida. Cuando sea lo más grande posible, debe lavarse el *lingam* con extractos de hierbas y aceites que calmen el dolor. Esta hinchazón del falo durará para toda la vida y es popular entre los jóvenes de Drávida; los *vitas* lo llaman *shukashopha* (hinchado y alargado en tamaño).

El *lingam* también se puede agrandar si durante un mes se frota la piel con vesicantes apropiados, como el jugo de *ashvagandha*, la raíz de *shabara*, el fruto de *brihati* y la raíz de *jalashuka*. La mantequilla de leche de búfala con *hastikarna* y *vajaravalli* producirá una hinchazón de buen tamaño. El falo se puede agrandar durante al menos seis meses si se masajea con aceite en el que se ha hervido *kashayas* o cualquiera de los ingredientes ya mencionados; así como si se frota o humedece con aceite hervido en un fuego moderado con semillas de granada y una mezcla de los jugos de *baluka* (pepino), y los frutos de la planta *hastikarna* y la berenjena. Además, se pueden aprender otros medios de personas experimentadas y seguras.

El Shiva de cinco caras y diez brazos, con la quinta cabeza oculta en la parte de atrás, era adorado en el templo principal de Mandi, en el norte de India. (Derecha) La gran diosa Kali matando demonios en una vívida representación de un poder horrible.

Diversos experimentos y pociones de amor

Cuando se arroja sobre la cabeza de una mujer la mezcla de *snuhikantaka* en polvo, espinas de la planta de seto de leche, *punarnava* y excrementos de un mono, junto con el polvo de la raíz de *langalika*, no podrá amar a nadie más.

Si se aplica el jugo espeso de *somalata*, *avalguja*, *bhringaraja*, *vyadhighata* y *jambu* al *yoni* de una mujer antes del sexo, el hombre terminará rechazándola.

Si la mujer se baña en el suero de leche de una búfala, mezclado con polvos de *gopalika*, *bahupadika* y *jivhika*, perderá el afecto del hombre.

Si la mujer utiliza una guirnalda o pasta preparada a partir de las flores de *kadamam*, *amrataka* y *jambu*, se atraerá la desgracia.

Cuando un ungüento hecho del fruto de *kokilaksha* se aplica al *yoni* de una *hastini* (mujer elefante), este se contraerá por una noche. Cuando se aplica al *yoni* de la *mrigi* (mujer cierva) una pasta de las raíces machacadas de *padma* y *utpala* (loto blanco y azul) y el polvo de *sarjaka* y *sugandha* mezcladas con mantequilla clarificada y miel, este se expandirá.

Una mezcla hecha con la fruta *avalguja* empapada en el jugo lechoso de las plantas de seto de leche, *soma* y *snuhi*, y el jugo de la fruta de *amalaka*, aclarará el cabello.

El jugo de las raíces de la *madayantika* (amaranto amarillo) y de las plantas *anjanika*, *girikarnika* y *shlakshnaparni*, empleado como loción, hará que el cabello crezca fuerte y oscuro. Una infusión que se prepare con estas mismas

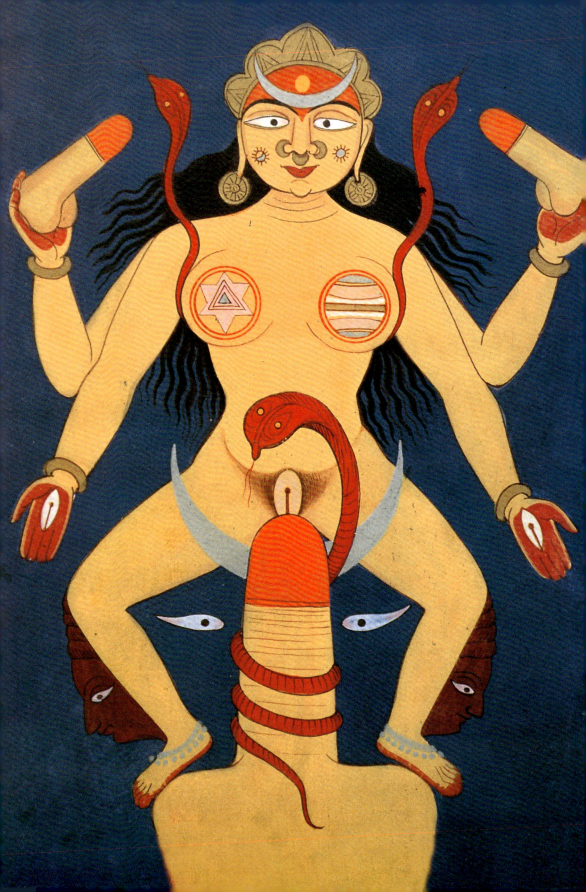

raíces hervidas con aceite, y se emplee para masajear el cuero cabelludo, hará que el cabello se vuelva negro y también restaurará poco a poco los pelos que hayan caído.

Si se moja *alaktaka* siete veces hasta que quede saturada en el sudor del testículo de un caballo blanco, y se aplica en un labio rojo, el labio se volverá pálido. El color de los labios puede enrojecerse con *madayantika* y otros ingredientes a base de hierbas.

Una mujer que escuche a un hombre tocando un caramillo que ha sumergido en los jugos de las plantas *bahupadika, kushtha, tagara, talisa* y *vajrakanda* se convierte en su esclava.

Si se mezcla la comida con el fruto de la *dathura* (manzana espinosa), se produce un envenenamiento.

Comer trozos de *jaggery* (edulcorante de caña de azúcar) que se ha conservado durante mucho tiempo restaura la estabilidad mental.

Si se mezcla agua con aceite y con las cenizas de cualquier tipo de hierba, excepto la hierba *kusha*, esta agua adquiere el color de la leche. Si se machacan ciruelos mirabolano amarillos, mango ciruelo y plantas de *shrawana priyangu*, y se aplica a las ollas de hierro, las oxida; es decir, las pondrá de color rojo, como el cobre.

Beber leche de una vaca blanca con un becerro blanco a sus pies es de buen augurio, da fama y preserva la vida; las bendiciones propiciatorias de los venerables brahmanes producen el mismo efecto.

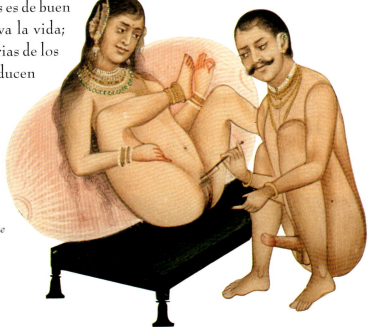

Cuando se aplica al yoni de una mrigi (mujer cierva) una pasta hecha de machacar las raíces de ciertas plantas ayurvédicas con mantequilla clarificada y miel, este se expandirá.
(Izquierda) Esta pintura representa una relación connotativa como la lingam-yoni, *unión hombre-mujer, simbólicamente venerada por los devotos tántricos.*

Para concluir, también hay algunos *shlokas*:

Así he escrito en pocas palabras la Ciencia del Amor, después de haber leído los textos de autores antiguos, y una vez habiendo observado las formas de goce que en ellos se mencionan.

El que conoce bien los verdaderos principios de esta ciencia tiene en cuenta el dharma, *el* artha, *el* kama, *así como sus propias experiencias y las enseñanzas de los demás, y no actúa simplemente según los dictados de su propio deseo. En cuanto a las prácticas nocivas en la ciencia del amor que he mencionado en esta obra, de mi propia autoridad como autor, con mucho cuidado, las he censurado y prohibido inmediatamente después.*

Un acto no debe quedar nunca perdonado por la simple razón de que lo autorice la ciencia, porque ha de recordarse que, de acuerdo con la intención de la ciencia, las reglas solo deben aplicarse en casos concretos. Después de haber leído y considerado las obras de Babhravya y otros autores antiguos, y haber reflexionado sobre el significado de las reglas dadas por ellos, Vatsyayana compuso el Kamasutra, de acuerdo con los mandamientos de la Sagrada Escritura, para el beneficio del mundo, mientras llevaba la vida de un estudiante religioso y estaba totalmente dedicado a la contemplación de la deidad.

Esta obra no fue hecha para servir como un simple instrumento para satisfacer nuestros deseos. Una persona que conozca los verdaderos principios de esta ciencia, que cultive su dharma, artha *y* kama, *y muestre respeto por las prácticas del pueblo, puede estar segura de que podrá dominar sus sentidos.*

En resumen, una persona inteligente y prudente, que se ocupe de dharma *y* artha, *así como de* kama, *sin convertirse en esclavo de sus pasiones, tendrá éxito en todo lo que pueda emprender.*

Parvati en una pose seductora. Escultura en cobre dorado del siglo IX. (Izquierda) Una dama con una falda hecha con hojas de la jungla encanta a las serpientes de los árboles. El culto a la serpiente es parte integral de la India.

AGRADECIMIENTOS

Los editores de Brijbasi Art Press Ltd. desean agradecer a los coleccionistas por el generoso uso de las fotografías de las pinturas y piezas de escultura únicas reproducidas en este libro.

En particular, desean expresar su gratitud a Madame Florence, M. de Surmont, Shri J. P. Goenka, Rt. Hon. David Salman, Suresh K. Neotia, Gaylord Hoftizer, Michael Postel, Mrs Fiammeta Rossi, Mrs Sunita Pitamber, Gurappa Shetty, al fallecido David Abraham, Volkar Schafer y Michael Suessur, N. Boman Behram (herederos), Shailender M. Hem Chand, Mrs Anjolie Menon, Anna Maria John, David Murdant May, Dr Daljeet Singh, Yannis Sarzetakis, Prof. Klaus Schleusener, Dr Peter Berghaus, Geo P. Bickford, y al fallecido D. Langhammer.

También se otorga el debido reconocimiento al Servicio Arqueológico de la India, Nueva Delhi; Departamentos de Arqueología de los Gobiernos Estatales de Karnataka, Kolkata, Madhya Pradesh, Maharashtra; al Museo Nacional, Nueva Delhi; al Museo Indio, Calcuta; Bharat Kala Bhavan, Benarés; Meenakshi Temple Museum, Madurai; los museos de Kabul, Afganistán; Lahore, Pakistán; Mathura; Gobierno. Museos de Chandigarh, Gwalior, Chennai; el Museo Ashutosh, Universidad de Calcuta (Prof. D. P. Ghosh); la Colección M. C. Mehta, Ahmedabad, el Museo Dacca, Bangladesh.

Los archivos fotográficos de L. S. D. G. (Lance Dane & Satish Gupta) son la fuente principal de las fotografías aquí reproducidas. Si hay algún cambio en la ubicación actual de alguna de las imágenes, sería un placer revisar el debido reconocimiento.